ダメ乳、
ポッコリお腹、
肩こり
撃退!

おっぱい番長の「乳《chichi》トレ」

経絡整体師
朝井麗華
Reika Asai

講談社

Reika's Beauty Life

東京・目黒に位置する隠れ家サロン『気・Reika』には、タレントやモデルなどこだわりのある女性が通う。

「職業は、整体師」という朝井麗華。
表面ではなく、深部をしっかりケアしてこそ
キレイが育つという理念と施術の確かさで、
サロンワークに講演にとひっぱりだこに。

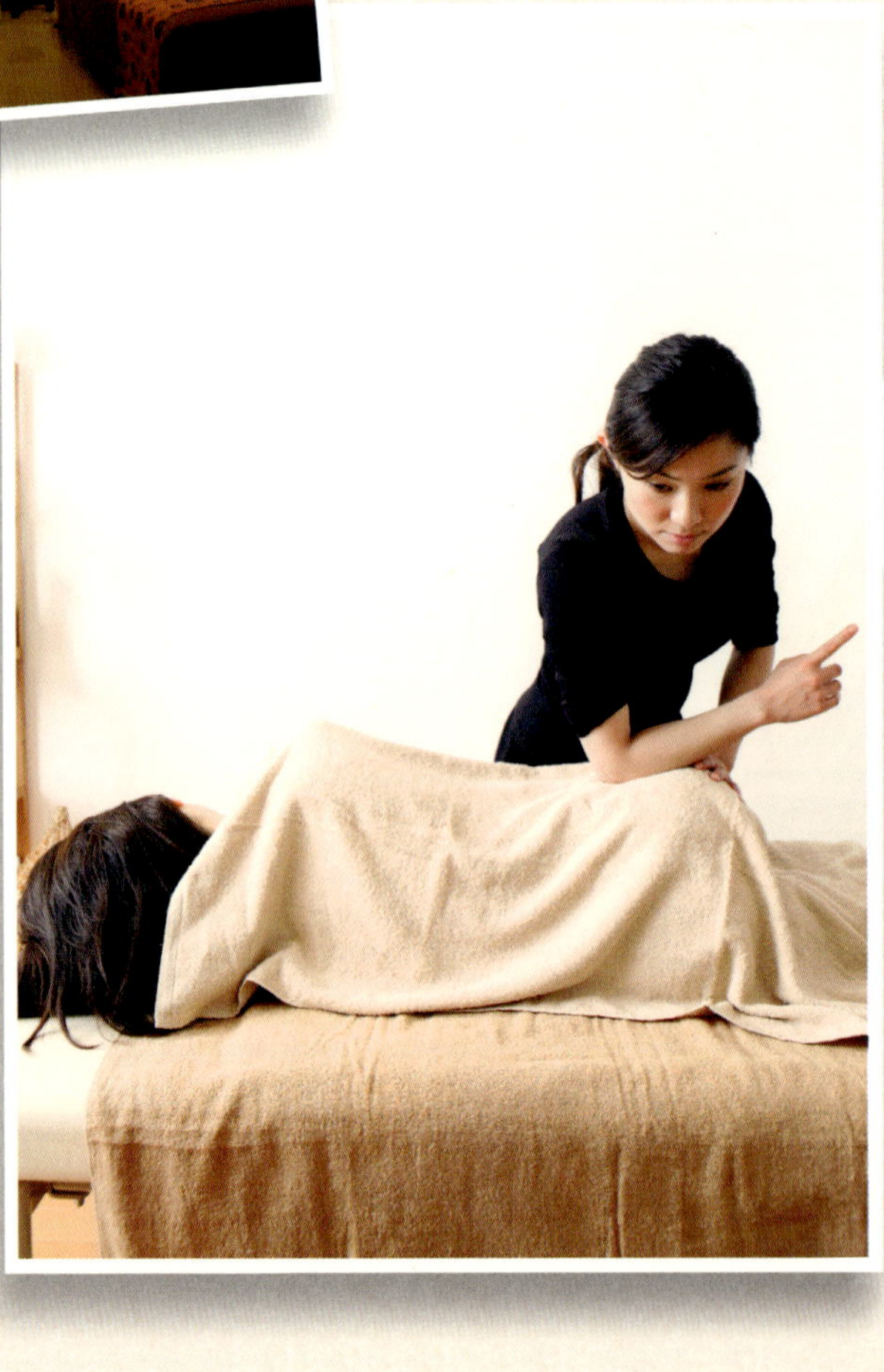

筋膜や経絡に働きかけ、埋もれていたキレイを掘り起こす施術。ちょい痛キモだけれど効果は絶大！

施術に使う「気」のトレーニングと筋トレを兼ねて、カンフーをやっています。

2014年7月「日本すっぴん協会」のイベントで、ゲストスピーカーをしたときの模様(前列右が著者)。なんと参加者は、20～30代の女性が約100名!

顧客には美容業界関係者も多く、雑誌での取材や講演もしばしば。「何歳からでも必ずキレイになれると伝えていきたいですね」

乳トレを考案&実践するようになって、朝井自身のスタイルにも変化が。「バストの位置が上がっただけでなく、ウエストがキュッと締まりました。体重は変わらないのに、"痩せた？"と聞かれます」

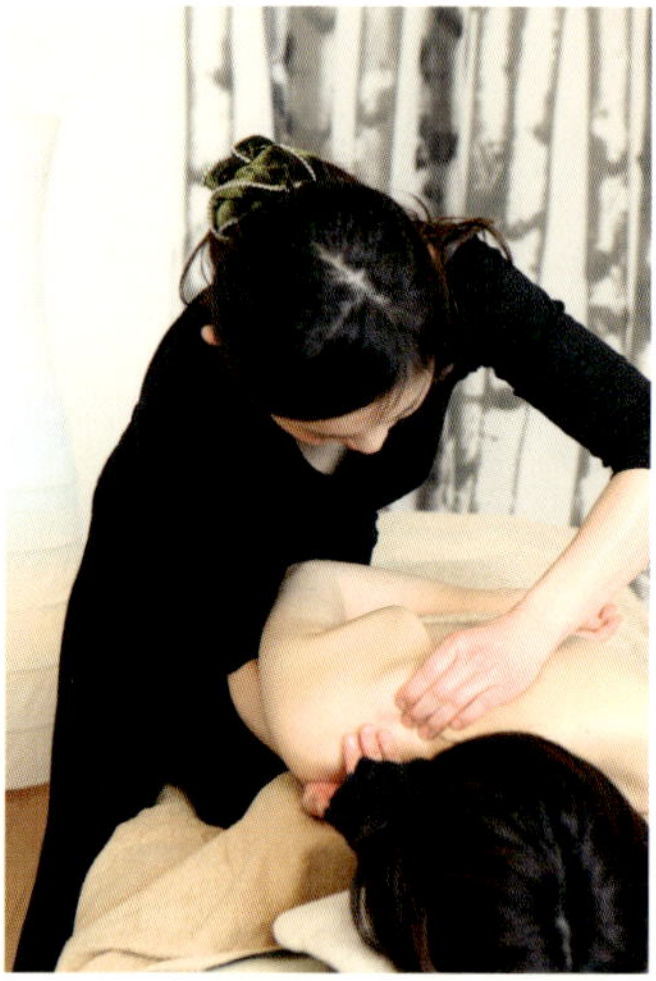

「痛い」とウワサの朝井の施術だが、効果は抜群。「癒着した筋膜を深部からきちんとはがすので、ひどいこりの方も、必ず楽になりますよ！」

Reika's Beauty Life

ルーシー・ダットンの講習を受けた後、真っ赤になった朝井の手のひら（右）。エネルギーが満ちやすく温かい、セラピスト向きの体質！

講習会やセミナーの講師を依頼されることもしばしば。こちらは渋谷ヒカリエで開催しているセルフケア講座の模様。

さらなる技術の習得にも意欲的に取り組む。タイの研修では全身を使うマッサージを学び、さらにパワーアップ！

講習会、セミナーに
タイでの研修と、日々
研鑽《けんさん》をつんでおります。

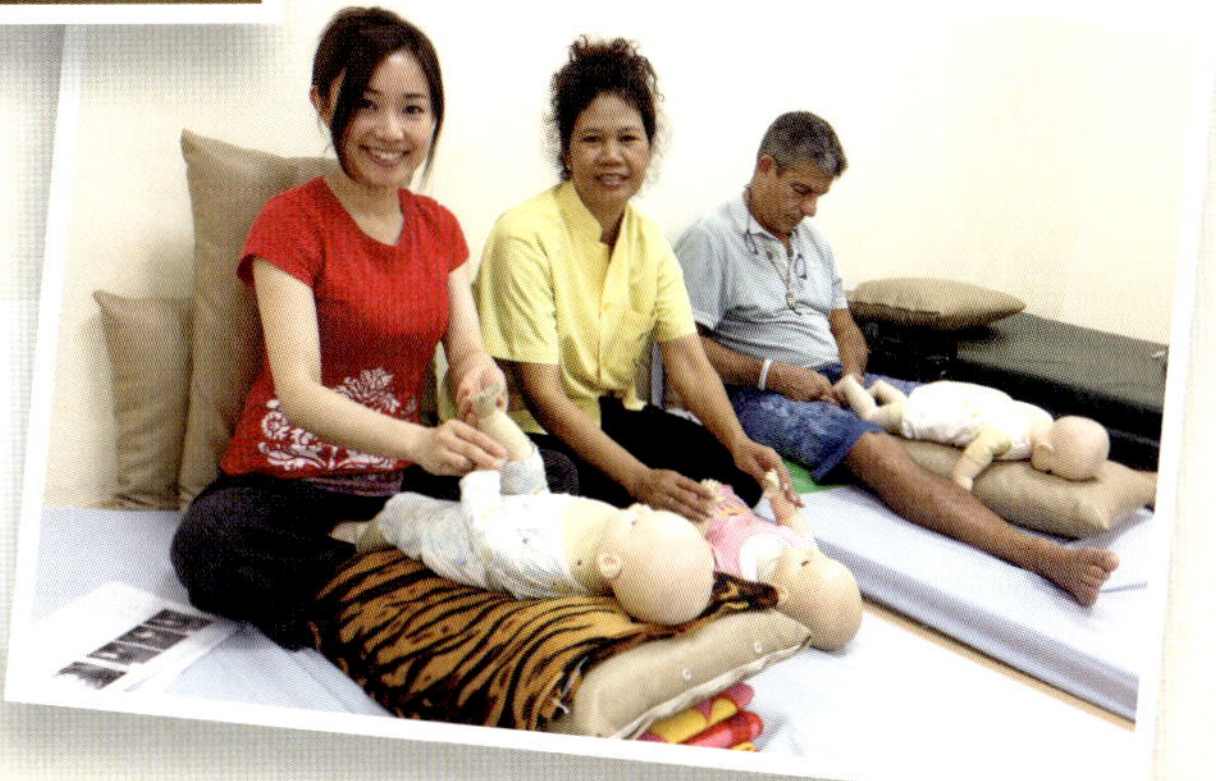

新境地・ベビーマッサージにもチャレンジ。「言葉が話せない赤ちゃんと、体を使って会話するみたいで楽しい！」

はじめに

Prologue

美おっぱいは叶います！

朝井麗華、35歳。職業は整体師・セラピスト。ですが、仲良しの間では「おっぱい番長」と呼ばれています。私の主宰するサロンではフェイシャルも、全身ボディのケアも行っていますが、なぜ「おっぱい番長」になったのか、自己紹介を兼ねてお話しさせてください。

私の施術は、お客様の間では「痛い」ことで知られています。経絡に沿って骨のキワぎりぎりに触れたり、癒着《ゆちゃく》した筋膜をはがしていくときには、痛く感じられることがあります。でも、その痛みを補ってあまりあるほど効果は絶大！表面だけを整えるのではなく、深部からキレイに、そして同時にヘルシーになれる！という自負があります。

そんな施術を追求しているときに、バストの重要性に気づいてしまったのです。体のセンターにあるバストは、肩や背中、それに胸の筋肉の影響をダイレクトに受けます。体がほぐれていればふんわりとボリュームが出ますし、毎日緊張した生活を続けていると硬く冷えてくる。バストがこわばっていると呼吸が浅くなるので肌もくすむし、気持ちだって暗くなってしまいます。

諦めないで。何歳でも、

つまり、バストは心と体の健康のバロメーターなのです。
そう気づいてからお客様のバストの変化に注目してみたら、
皆さん1度の施術でバストトップの位置はぐんと上がるし、
数回通っていただければサイズが上がり、形も整ってくる。
しかも、顔のくすみやたるみ、肩こりが激減するなど、
全身にいい結果が出ているのです。この素晴らしさを
皆さんとシェアしたい！と思って書いたのが、この本です。

だから、もっと自分のバストを可愛がってあげましょう。
バストが格好よくなるだけでなく、全身のバランスが整い、
気持ちがアゲアゲになり、もっと幸せになれるのですから。

**おっぱい番長の私と一緒に、
ヘルシー美人になりましょう！**

CONTENTS

Chapter 3 教えておっぱい番長！美バストのためのデイリー術……49

Chapter 4 Reikaメソッドができるまで……73

Staff

撮影／石澤真実（講談社写真部）

装幀／アルビレオ

本文デザイン／真野恵子（真野デザイン事務所）

ヘアメイク／深瀬介志（HAIR DIMENSION）

イラスト／ miya

校閲／戎谷真知子

編集協力／高見沢里子

Special Thanks
気・Reika のすべてのお客様

Chapter 1

そのおっぱいの責任は、あなたにある！

大人の女性のボディや肌は、如実にその人の
ライフスタイルを反映します。
遺伝や年齢のせいにして諦めないこと。
努力した分だけ、キレイになるのですから。

バストとは、全身と心を映し出す鑑《かがみ》である

サロンでフェイシャルとボディのトリートメントを行う朝井麗華。そんなサロンワークの中でいつしか「バストは女性の健康の要！」と感じるようになったのには、深い理由があります。バストから始めて全身へと広がる「キレイと健康の魔法」を、一緒に身につけて。

普通のボディが、〝ボン・キュッ・ボン〟に！

この本を手にしてくださった方の多くは、おそらく私のことを初めて知るのではと思います。こんにちは、朝井麗華です。プライベートサロンで、経絡や筋膜の理論に基づいたトリートメントをしたり、講演やトークショーなどで一般の方への啓蒙《けいもう》活動をしております。

意外に思われるかもしれませんが、私のサロンのメニューは「フェイシャル」と「ボディ」の2つが基本。オプションでバストマッサージもありますが、それがメインではありません。バストの専門家ではない私が、なぜバストケアの本を出すことになったのか――その理由からお話ししていきたいと思います。

私は今でこそボディラインの出る服も着るようになりましたが、もともと大し

てスタイルがよかったわけではありません。身長156㎝、バストはCカップという、いってみればごく普通の女の子でした(※)。ですから、自分のバストにも「もうちょっと大きかったら……」「私の胸、離れてない？」といった、皆さんと同じような不満を抱えていました。けれど、そんな私のバストに劇的な変化が訪れたのです。それも、肌や体が〝曲がり角〟に入ってしまった30歳を越えてから。

なぜ、私のボディにそんな変化が起きたのでしょう。もちろん仕事柄、肌やボディをキレイに保とうという努力はしています。でも、「バストをもっと大きくしたい！」「プリンとしたハリを出したい」と特別なケアをしていたわけではありません。むしろ「肩のこりを解消したい」「胸郭ってもっと動くはず！」といった〝ビューティ〟よりは〝健康〟な観点から、お客様の体も自分の体もケアしていました。けれど、そんなお手入れを続けていたある日、ふと測った自分のバストはEカップ。バストだけではありません。ウエストも3㎝は減っていて、〝麗華って、背は小さいけどボン・キュッ・ボンだよね〟と友人に言われるようになっていたのです！

そこから私のオタク魂に火がつきました。「これはバストアップにいいに違いない！」というテクニックをサロン（※）でお客様に試し、友人に教え……としていたら、カップサイズが上がる人、垂れ乳が復活した人が続出したのです。

そんな〝瓢箪《ひょうたん》から駒〟な経験から編み出した理論やテクニックを集めたのが、この本の〝乳トレ〟です。何歳でも、どんなお悩みの方でも始められるし、必ず成果が現れます。私と一緒に、美おっぱいへの旅を始めましょう！

※サロン

気・Reika

東京は目黒に位置する隠れ家サロン。20代前半から70代までさまざまな顧客が通う。 特別なダイエット（食事制限） をしないのにスリムになったという人も多数。

http://www.ki-reika.com

※サイズ

トリンプ・インターナショナルの2011年の統計では、 一番多いのがCカップ26.7%、以下Bカップ23.8%、Dカップ22%、Eカップ12.8%と続く。

あなたのバストは大丈夫？
まずはセルフチェック！

「バストが何cm」「何カップ」というのも目安だけれど、見た目にキレイと感じられるバストにはポイントがあります。まずは自分のバストと向き合って、じっくりチェックして。

Let's Check!

まずは仲良くなること。バストを眺めて、触れてみよう！

★ブラのストラップが落ちやすい Yes!□
★乳首は肩とひじの中央より下 Yes!□
★バスタオルを巻いても落ちる Yes!□
★ブラの跡が10分以上残る Yes!□
★乳首が顔幅よりも外側にある Yes!□
★昔よりアンダーの数字が大きい Yes!□
★肋骨の間に指が全然入らない Yes!□
★ブラの脇に肉がはみ出している Yes!□
★触れるとふにゃっと柔らかい Yes!□
★左右の胸で大きさに差がある Yes!□

Yesが８～10個の人

立派な「ダメおっぱい候補」。すでに下垂が始まり、形が崩れてきているのでは？肩や首のこりもひどく、疲れやすい自分を自覚しているはず。しょんぼりバストで実際の年齢よりも老けて見えてしまうので、今すぐ乳トレを始めましょう。

Yesが４～７個の人

かなりの「おっぱい問題児」。見て見ぬふりをしているけれど、実は「私の胸、もうちょっとイイ感じにならないかなあ」という想いが強いはず。下着に頼るのもいいのですが、本来の胸の実力を、乳トレで引き出してあげてください。

Yesが０～３個以下の人

体のこりやゆがみが少なく、バストもまずまずの状態のようです。ただ、年齢やライフスタイルによってボディはどんどん変化します。まずは週に２～３回、時間のあるときに乳トレを取り入れて。血流がアップし、美肌作りにも役に立ちます。

サイズよりも大切な、美バストの「コツ」はこちら!

きれいなバストの決め手は、サイズではありません。バランスがよければ自ずと美しく見えてくるもの。そんなポイントを、じっくり検証しました。

筋肉の柔らかさ、大丈夫?

バスト上部の、骨と骨の間を指でプッシュしてみて。指がまったく入らなかったり痛みがある人は、こりを撃退すべし!

燦然と輝く、胸のトライアングル

鎖骨中央のくぼみとバストトップを結ぶと正三角形ができれば合格。垂れ乳や離れ乳は、二等辺三角形になるので注意!

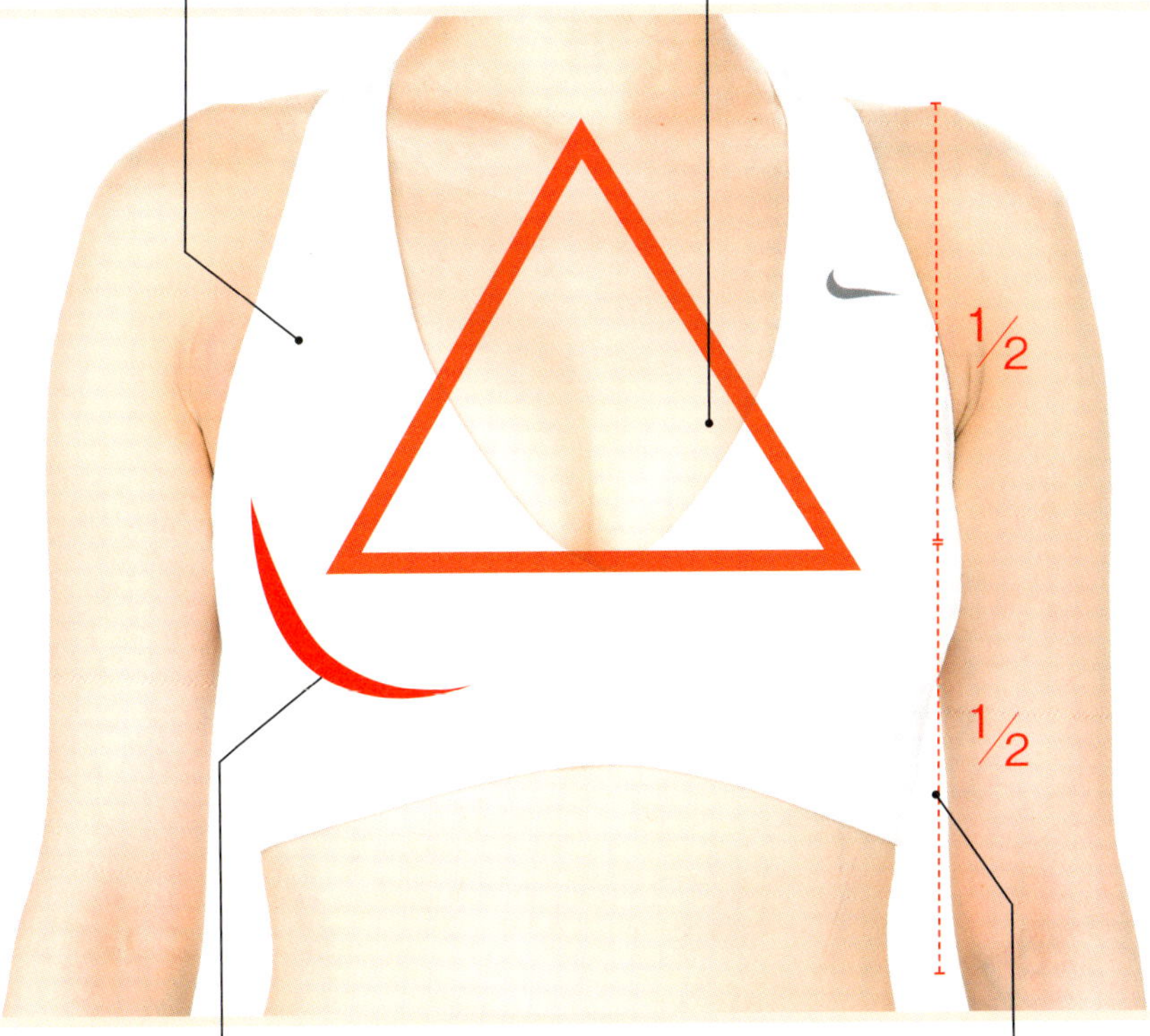

できてますか?
バージスライン

バストとボディの境界線＝バージスラインが曖昧な人は、胸のお肉が脇へと流れている証拠。乳トレに励みつつ、ブラ選びも再考を。

30歳で始めたい垂れ乳チェック

密かに忍び寄るため、自分では気づきにくいバストの下垂。肩からひじまでの距離の1/2より上にバストトップがおさまらなければ垂れ乳注意!

＼今すぐ正すべし!／

おっぱい番長が斬る「バストの誤解」

顔はあれこれいじるのに、バストには案外無頓着な女性が多いもの。勘違いや誤解を、番長が一刀両断にします！

誤解1

「結局のところ、バストは遺伝でしょ」

「どうせ、母も貧乳だから」なんて諦めていませんか？　確かに親子は体型が似てきますが、それは遺伝だけが理由ではありません。一緒に暮らしていると、同じ食事を摂るのも大きな要因です。また、姿勢や体の使い方は無意識に親から学ぶので、こりやクセ、そして体型が似てくるのも当然のこと。そうやって体に染み着いたクセをリリースすることで、スタイルは驚くほど変わります。

誤解2

「もう若くないから、バストはいいのよ」

何歳になろうが、バストをより美しく整えることは可能です。実は、30代や40代は、バストの形を作る絶好のチャンスでもあります。というのも、乳腺が発達していて硬めの20代バストより、脂肪部分が増えた30代以降のほうが、バストが柔らかくて動きやすいから。年齢を重ねたほうが、マッサージやエクササイズを取り入れたときの成果を実感しやすいといえます。ダメ乳になるもならないも、あなたの努力次第です！

誤解3

「太れば、バストだって豊かになる！」

確かにメジャーで測ったときのバストサイズは大きくなるかもしれませんが、それは背中や脇の脂肪ではありませんか？　お腹や脚も一緒に太ってしまっていませんか？　そんなボディでは見た目がイケてないのは当然ですし、多少豊かになったバストも埋もれてしまいます。乳トレに励めば、体重はそのままなのにバストはぷりぷり、しかもウエストはくびれてこりがなくなるという“一石三鳥”が可能です。バストを作る根本に働きかけて、食事や体重はそのままでスタイルアップしましょう。

誤解4

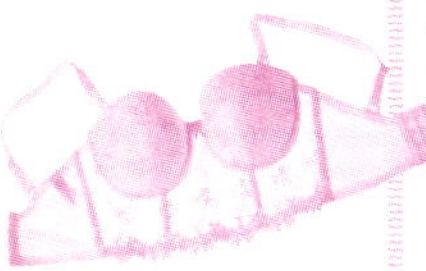

「いい下着に頼ればいいんでしょ」

確かに、下着はボディメイクの強力な助っ人です。でもボリュームたっぷりのパッドで底上げしたり、あるいはぴたっと平面的なブラでボリュームをおさえたりしていると、バストそのものの形はどんどん崩れてしまいますし、体の巡りも悪くなります。それよりも、ほどよい補整力の下着をサポーターにしつつ、素のバストを美しく整えよう、というのが麗華流。乳トレで、「脱いでもキレイ」なすっぴんバストを育てましょう。

誤解5

「運動すれば垂れないのでは？」

バストを支える筋肉がしっかりしていれば、垂れなさそうというイメージはわかります。でも、重たいバストを釣っているクーパー靭帯《じんたい》は、伸びてしまったらもとに戻せないのです。また、運動でクーパー靭帯を鍛えることもできません。逆に、運動でバストが揺れるとクーパー靭帯を傷める危険があるので、ハードな運動をするときは、バストをしっかりサポートして！

誤解6

「揉んでもらえば大きくなるらしい」

そんな色っぽい噂、年頃の女性の間では広まりますよね。ただ、肝心なのはその「揉《も》み方」です。この本でくり返しお伝えしているように、大切なのは表面の脂肪ではなく、それがのっている筋肉です。筋肉がしなやかさを取り戻すには、「バストを揉む」という表面的な動きでは物足りません。バストを育てたいなら、大胸筋ごとぐぐっとイタ気持ちいい力でほぐしましょう。

誤解7

「ふんわり柔らかバストになりたい！」

あなたが20代前半なら、柔らかバストに憧れるのもいいでしょう。でも、30代以降は乳腺が衰えて脂肪の割合が増えるし、肌もハリが失われる一方。「柔らかいバスト」を通り越し、あっという間に「しょんぼりバスト」になってしまいます。大人が目指すべきは「ふっくら柔らかいバスト」ではなく、「ハリのあるBling-bling（ブリンブリン）バスト」！　バーンとしたバストなら、眺めてよし、触れてよし。ふにゃふにゃバストへの憧れは、今日から捨ててしまいましょ。

体に起きている、残念な大変化

さて、ちょっとバストから話がそれますが、皆さん「ここ10年で、体に大きな影響を与えた生活の変化」というと何を思い出しますか？

〝食の欧米化〟と思った方、いいセンスです！　確かに日本人のお米の消費量（※）は年々減少しています。和食から洋食中心になり、しかも野菜の摂取量が減っており、「ファイブ・ア・デイ」（※）を提唱したアメリカのほうが野菜を多く摂れているというデータも。ただ、食が偏る傾向はここ10年に限った話ではありません。正解は「パソコン、スマホの普及」です。生活がさらに便利になり、もはや多くの人にとって手放せない道具となっていますよね。私もサロンのお客様との連絡に、勉強や情報収集にと活用していますが、あまり長時間の連続使用はしないように心がけています。

　というのも、パソコンやスマホを使うとき、どうしても私たちは前のめりな姿勢になってしまうんです。ただでさえ姿勢が悪い（理由は後述します）日本人にとって、これは大ダメージ。頭が前へがくんと落ちるので、首や肩、それを支える胸の筋肉がバリバリにこってしまうんですね。実際にサロンで施術を行っていると、上半身、それも首や肩、胸周りの筋肉のこりが皆さんひどくなっているのを実感します。もちろんお客様自身も「肩こりがひどいの」「頭痛があるのはこりのせい？」など自覚していらっしゃいます。

　こういった「痛い・辛い」をなんとかしてさしあげたい!!と私は必死になりま

※ファイブ・ア・デイ

がん撲滅運動の一環として、アメリカで1991年に立ち上がったもの。「5つの色（赤、黄、緑、褐色、紫）の野菜を毎日摂る」ことを目標としており、わかりやすさと手軽さから浸透し、生活習慣病の減少に一役買った。日本でも同様の活動はなされており、今後の変化が期待されている。

※米の消費量

年々減少しており、1世帯あたりの消費額では2011年にパンが米を追い越したほど。また、最近は「低炭水化物ダイエット」の影響もあってか、主食を減らす傾向にあるといわれている。

した。そのための施術がバストに革命をもたらすとは、そのときはまったく想像だにしていませんでした。

99%の大胸筋は、肋骨にへばりついている！

現代病ともいうべき「肩・首のこり」をほぐすために、多くの方はそのパーツを一生懸命にケアします。首や肩を揉んだり温めたりするのも、もちろん効果的です。でも、「整体に行ったときはゆるむけど、また元に戻っちゃう」という経験はないでしょうか。実は、肩や首に働きかけるだけでは、頑固なこりはほぐれてくれません。一時的には血流がアップしてラクに感じられますが、根本から緊張をリリースすることができないのです。

さきほども述べたように、元からの姿勢の悪さ、パソコンやスマホの使いすぎなどによって、私たちの体はすぐに猫背になってしまいます。支える筋肉量が少ない女性であればなおさらです。それに、デスクワークが多いＯＬ、小さなお子さんがいるママ（抱っこして、お風呂に入れて……と、子育ての多くは前かがみで行いますよね）、台所仕事の多い主婦の方など、女性が多くの時間を費やす場面は猫背になりがちなシーンが多いもの。皆さん、肩も首もバリバリになっています。

よく〝前肩〟なんて言い方をしますが、こりのひどい人の肩は確かに体の前面に巻いていています。両方の肩は１８０度に開いているのが正しい位置なのですが、それよりも内側にある方がほとんど。そうなると、背中の筋肉はバーンと張って支えなければなりませんし、猫背になってつぶされる胸の筋肉（大胸筋《だいきょうきん》）は、ギューッと縮こまってしまいます。本来は体の動きに合わせてしなやかに伸び縮みするはずの筋肉が、どんどん収縮してしまうんですね。

肩や首を一生懸命にほぐしても元に戻ってしまうのは、この「縮こまった大胸筋」に引っ張られてしまうから。「首・肩・胸」のこりは、いわばセットのようなもの。この３つに働きかけないと解消しないし、どこか１つのパーツに働きかけるだけでＯＫというわけにはいきません。サロンでお客様の体に触れていると、９割以上の方（※）は、大胸筋がカチカチに硬くなっています。こういった筋肉の癒着をはがし、本来あるべき位置に戻すこと――それがこりから解き放たれるための最短最速の方法です。

大胸筋がフカフカなら、ブリンブリンおっぱいに！

ところが、そうやって「硬くなった筋肉を柔らかくする」施術を行っていると、お客様から面白い反応が返ってくるのです。

「下がっていたバストが上がった！」

「胸が大きくなったってカレに言われた」

「触れたときのハリ感が違う!!」

常連さんはもちろんですが、初めていらしてくださったお客様からも同じような反応をいただくことがしばしば。言われてしげしげと観察してみると、確かに

※9割の大胸筋が硬い

ほぼ100％の顧客の大胸筋は固まっているが、数少ない例外は「アスリートの顧客」。みっちりと硬い筋肉がついているイメージがあるが、プロのアスリートはきちんと動かしてメンテナンスしているため、筋肉は子供のそれのように柔らか。

皆さんバストがふっくらと、弾むような感じが出てくるんですね。土台となる大胸筋が柔らかくなることで血流が増してハリやツヤが出ますし、縮んで下へと引っ張っていた力がなくなることで、胸が本来の位置に戻るんです。大胸筋が畑だとしたら、バストはその上に咲く花のようなもの。フカフカの畑にはぷりっと元気のいいバストが育つんだ！とうれしくなりました。

　面白かったのは、「私は万年Aカップだから、胸が垂れる心配なんてないのよ～！」と豪語してらしたSさん。みっちり施術が終わったあとでご自身の胸を見て「位置が上がってる……ってことは、大丈夫と思っていたけど胸が垂れてたのね！」と思わぬ発見をしていました。ついでに言うと、Aカップと思われていたバストですが、施術後に測ったところしっかりBカップでした（※）。硬くなった筋肉に引っ張られて、大事なふくらみがつぶれてしまっていたようです。

ぺたんこ胸もタレ乳も、「硬さ」を解消せよ！

　この「美バストを実現したくば、大胸筋から」の法則は、すべての女性に当てはまります。「小さい」「垂れている」「大きすぎる」などバスト悩みは人によってさまざまですが、皆さん共通しているのは大胸筋と肩甲骨周りの硬さ。ここがガチガチになることによって、「本来のキレイ」が硬い筋肉に埋もれてしまい、スタイルの悩みを引き起こしているのです。

　たとえば「胸が小さい」という方も、「垂れている」という方も、さきほどお

※カップサイズのアップ

後述するが、バストの位置が上がるだけでなく、アンダーバストが小さくなったりウエストがくびれたりするのも麗華流乳トレのメリット。たった1度の施術でもカップ数が変わるのは、そんな“全身に効く”施術の強み。

話ししたような大胸筋の縮こまり（※）によって、胸が下へと引っ張られています。もちろん乳トレでAカップがEカップになる、といったような変化は難しいですが、筋肉のこわばりを解いてあげるだけで1〜2カップのサイズ変化は充分可能です。また、緊張しがちな方は体の脇をぎゅっと固めていることが多いため、外側に引っ張る力が働けばバストが外向きになる一方。血流が悪いため酸素や栄養が不足ぎみでバストにハリがなくなったり、ふっくらとした柔らかさが感じられなくなります。年齢を重ねるとデコルテ部分の肉が削《そ》げて寂しくなることがありますが、こういった方の大胸筋や肩甲骨を触らせていただくと必ず、筋肉がこわばって骨との間に、こりや老廃物がぎっしりです。

　こういった、サイズ以外の要因も「見た目の美しさ」に大きく関わります。そして、そのすべてに共通しているのは「筋肉の硬さ」。「遺伝だから……」「もうトシだから……」と諦めるなんて、もったいない！　こりも解消されバストもキレイになれる乳トレを、今すぐ始めましょう！

ポジティブマインドも、バストから

「お客様の体の辛さを根こそぎとりたい！」という私の願望から始まった乳トレでしたが、見た目がキレイになるだけではありません。実は、心にもばっちり効いてくれるのです。

　美容に関心のある読者の方なら、ヨガなどの呼吸系エクササイズを体験したこ

※大胸筋の縮こまり

肩が前に落ち、大胸筋が縮んで固まることを「巻き肩」と表現する人も。本来、真横に開いているべき肩が猫背になるときは内旋するので、この表現は的確。ちなみに、肩が180度横に開いていると、鎖骨のラインは水平になる。くぼみから肩に向かって鎖骨が斜めになっているのは、肩が縮こまっている証。

とがあるのではないでしょうか。レッスンが終わったとき、爽やかな気持ちになったかと思います。これには〝呼吸〟が大きな働きをしています。深い呼吸をすると、気持ちがリラックスしてくるのです。これは人間に限らず、生き物なら皆同じ。たとえば犬が怒っているときは、ハッハと荒くて早い呼吸をしますよね。逆に、リラックスしていると（眠っているときを思い出してください）、すうすうと深くてゆっくりな呼吸になります。

呼吸のすごいところは、これが「逆も真なり」であること。ゆったりした気持ちなら呼吸がゆっくりになるだけでなく、深い呼吸を続けると気持ちがリラックスしてくるのです。以前、顧客の女優さんにうかがったのですが、怒りの演技のときは呼吸を浅く早く、逆にハッピーなシーンのときは深くてゆっくりな呼吸をするよう心がけると、自然とそういう気持ちになるのだとか。呼吸は私たちのメンタルの表れですが、呼吸をコントロールすることで逆に心をいい状態に導くことができるんです！

乳トレがマインドに働きかけてくれるのは、大胸筋と肩甲骨をリリースすることで、胸郭の動きを自由にしてくれるから。ストレスで胸郭が硬くこわばっている人は、呼吸が浅くてちょっとしたことでイライラしがち。でも、「さあ、深く呼吸をしよう！」と24時間意識するのは難しいですよね。それよりも簡単なのは、乳トレで胸の硬さをとってしまうこと。呼吸を意識したり、ヨガに励んだりする必要すらないのだから簡単ですよね。胸も気持ちもアゲアゲな、ハッピーな美人になれちゃうのが乳トレのすごさなのです。

おっぱい番長の考える「ザ・美バスト」はコレ！

ただ大きければいいというわけではなく、美しいバストには必ず黄金律とでもいうべき「ベストバランス」があります。自分のバストの足りないところをきちんと見極め、正しくケアして最短最速で理想のおっぱいを手に入れましょう。

「あるべき姿」を思い出せば、上向きバストに

私が日々の施術で目指しているのは、「本来あるべきしなやかな姿」へとお客様を戻すこと。こり固まった大胸筋とともに縮こまっているバストを、のびやかに解放する。前に落ちた肩をぐっと開いて、下向きバストをぐっと上げていく。猫背になって埋もれている肩甲骨を動かし、血流をよくする。そう、本来の体に備わっている機能を思い出させるだけなんです。

そして、「本来の姿」を取り戻せば、体重に変化がなくても見た目が大きく違ってきます。P14のチェックで、「ブラのストラップが落ちやすい」にYesと答えた方、「私はなで肩だから……」なんて思っていませんか？　違います。あるい

は「バスタオルを巻いても落ちる」にチェックを入れた方、「バストが小さいから、バスタオルが留まらないの」なんて思うのも早計です。ブラのストラップがずり下がってしまうのも、バスタオルが胸で留まらないのも、背中が丸まって前肩になっているから。肩が１８０度に開いて背筋がすっと伸びていれば、なで肩だろうが小さめバストだろうが、ストラップやタオルが落ちてしまうことはありません。

ここでぜひ覚えておいてほしいのは、そういった「開かれた姿勢」だと、バストがぐっと上向きになるということ。前に落ちていた頭も正しい位置に戻るので、視線が上がってぐっとポジティブな印象になります。「本来の姿に戻す」ことさえできれば、バストは自ずと美しくなるのです！

美バストの３大ポイント～「肩甲骨」「大胸筋」「肋骨」

巷にはたくさんのバストケア方法がありますが、私がこの本でおすすめしたいのは、やはり「筋肉の緊張を解き放ち、バストを本来の位置に戻し、あるべきふっくら感を復活させる」というもの。そのためのポイントは３つあります。

１つめは、肩甲骨。この可動域が狭くなると（そして、現代女性のほとんどは肩甲骨が埋もれ、動きが悪くなっています！）胸郭（※）の上側の動きもブロックされて呼吸は浅くなります。肩が前に落ちて固まっているため体の幅が大きく見えますし、バストを引き上げる力もなくなります。肩につながる筋肉（僧帽筋

※胸郭

肺や心臓を守っている肋骨の部分。比較的柔らかい骨でできており、呼吸に合わせて広がったり閉じたりする。上から見たとき欧米人の胸郭が丸みがある（＝体に厚みがある）のに対し、アジア人の胸郭が平たい（＝体が薄い）傾向にある。

や肩甲挙筋）が硬くなることでバストへの血流（＝酸素や栄養）が悪くなり、育たなくなります。

2つめは、大胸筋。これはバストの土台ともいうべき筋肉で、これが硬く縮んでいると垂れたりバスト全体の位置が下がってしまいます。それに、縮こまった大胸筋に引っ張られるので肩が落ちてしまったり、肩甲骨が前に引っ張られて動きが悪くなったりするんですね。

そして3つめが、肋骨。正確には「肋間筋《ろっかんきん》」という肋骨と肋骨の間の筋肉（いわゆる〝バラ肉〟ですね）です。これは別名〝呼吸筋〟とも呼ばれるのですが、ここが硬い方の多いこと！　蛇腹部分が固いアコーディオンみたいなもので、その状態では深い呼吸をすることができません。肋間筋が固まっていると胸郭が広がったままになるので（※）、バストは外側へと広がって扁平《へんぺい》になります。また、あとでお話ししますが、呼吸の浅さはメンタルや免疫系に関わりますので、バストケアだけでなく心身の健康のためにも大事なポイントです。

この本で紹介するマッサージやエクササイズは、基本的にこの3つに働きかけるためのもの。これらにつながる首周りの筋肉なども動かしますが、基本の3つをしっかり動かすことがバストアップの近道。胸だけを触ったり運動するのではなく、連動する筋肉を動かして、ブリンブリンになりましょ！

「流れる体」こそ美しい！

※胸郭の広がり

肺はそれ自身では動けず、その外側にある胸郭の動きにサポートされて伸縮する。また、胸郭の伸縮は横隔膜の動きと連動しているため、この動きがよいと胃腸などの内臓へのマッサージ効果も大きい。

バストをキレイにしたいからといって、胸だけ見ていたのでは限界があります。胸を支える筋肉は、どことつながっているんだろう？　胸を外へと引っ張っている原因は何なんだろう？――そう考えるうちに、土台となる筋肉や肩、背中、首をケアするようになったのです。そして、そのほうがはるかに早く、アゲアゲなおっぱいになれるということに気づいたのです。

そしてもう1つ、私のアプローチの背景には、勉強してきた東洋医学的な理論の影響もあります。東洋医学では、体にもともと備わっている治癒力を引き出す治療が基本です。キレイについても同じことで、「キレイになれるはずなのに、それを邪魔している何かを取り除く」のが大切。その結果、血液やリンパ液、それに気・血・水（※）という体を構成する要素がきちんと巡り始め、本来あるべき「その人の持っている美しさ」が輝き始めるのです。そう、〝流れ〟がよければ体や肌は、本来のキレイを取り戻すのです。

逆に考えれば、〝流れ〟がよければ全身の調子が整ってくる、ということ。次の項で「乳トレはこんなことにも効く！」という、副作用ならぬ〝副効用〟をご紹介します。アレにもコレにも効果的、というとガマの油みたいで怪しく聞こえるかもしれませんが（笑）、実際に私やサロンのお客様の体ですべて実験済みなことばかり。流れる、巡りのいい体を育てること。そうすれば、バスト以外にもうれしい結果が出てきます！

※気・血・水

東洋医学では、代謝や運動のエネルギーである「気」と、栄養を体に張り巡らせる「血」、汗や粘液といった血液以外の水分である「水」の3つがバランスよく働く状態を健康とみなす。3つの要素のいずれも体内を巡るものであり、滞ったり不足すると病気となる。

いいことずくめ！ 乳トレのパワー

キレイなバストを育てる乳トレは、バストだけを触るケアではありません。バストにつながる筋肉に働きかけるので根本からキレイになるし、バスト以外の部分も整ってくるのだからうれしい限り。麗華のサロンで顧客が実際に経験した、乳トレのすごい成果をご覧あれ！

2サイズアップは当たり前！

私のサロンでは、ご本人がOKであれば下着をぜーんぶ取り、バストからそけい部のかなりきわどいところまでケアして、滞りや詰まりを一掃します。血液やリンパ液が巡るようになると、肌は見違えるように輝き、目もぱっちり大きくなるほど。肩や首に重たいこりを抱えていらした方に「体が軽くなった！」と言っていただけると、私までうれしくなります。

それと同時に多くのお客様から指摘されるのが「バストが上がった！」ということ。個人差はありますが、30歳以上の方は多かれ少なかれバストが下垂しています。それがぐっと上向きになるだけでなく、文字通り位置が上がるんですね。さらに、バストに触れたときに、数年前のようなぷりっとしたハリ感があるのにも驚かれます。施術を数回受けていただくと、ほとんどの方がブラのカップサイズを上げているのもうれしい変化。

ただ、サロンで施術を受けていただける人数は限られていますから、より多くの方の体に変化をもたらしたい！と編み出したのが、乳トレです。また、私は私を施術するわけにはいきませんから（笑）、「自分で自分をケアする」ために考えた、というのも正直なところ。せっせとバストに触れて〝流れる体〟づくりに邁進《まいしん》していたら、ブラが2サイズ上がったのには我ながら驚きました。

そんな話を友人に、お客様にして乳トレをすすめていたら、周囲からもバストに変化が出た！という報告が続々ときました。もちろん数回の乳トレで激変はしませんが、毎日続けていれば1ヵ月めで「あれ？　変わったかも？」という変化があり、3ヵ月もする頃にはバストの悩みが確実に軽減します。

触れずに「くびれ」ができるマジック

面白いことに、乳トレはバスト以外の変化ももたらします。そう、ウエストのくびれが出現するんです。「お腹の揉み出し」を頑張るよりも、乳トレに励むほうがずっと早くウエストのくびれが出現するんです。

P19でもお話しした通り、忙しい現代人は筋肉がガチガチ。中でも弊害が多くて問題なのが、〝呼吸筋〟と呼ばれる肋間筋（※）で、膨らんだまま硬くなっているケースが少なくありません。胸のあばら骨が広がっているわけですからアン

※肋間筋

厳密には外側の肋間筋と内側の肋間筋があり、外側は吸気に、内側は呼気に関わっている。緊張が強いと人間の体は外側の筋肉を固めて自分をガードするため、外側の肋間筋が硬くなりやすい。よって息を吸った状態＝胸郭が膨らんだ状態が続いてしまい、アンダーバストやウエストが広がってしまう。

ダーバストも大きくなるし、それにつられてウエストだって広がってしまいます。
「くびれがないのは、余分なお肉がついてるからでしょ？」と思われるかもしれませんが、さにあらず。ウエストが広がった胸郭に引っ張られ、それでくびれが消失しているケースがとても多いのです。

ここに紹介するのは、とある顧客の方の後ろ姿の、ビフォーアフター（※）です。肩甲骨周りや肋間筋、大胸筋をじっくり揉みほぐすと、驚くほど背中の表情が違いませんか？　ウエストにはくびれが出現し、こって盛り上がっていた背中にはスッと背骨のスジが入っています。のっぺりと広がっていた肩甲骨が中央に寄り、それにつれて肩や首がすっきりと見えています。つぶれていたヒップも、ぷりんとそれぞれの丸みが出ていると思いませんか？　もちろんバストもキュッと上がり、触れたときのパーン！というハリ感も別人のよう（※）。

そう、これこそが「本来のキレイを掘り出す」ということです。たった1回の施術でも、まるで体重が減って美しく痩せたみたいに見えますよね。無理な食事制限や運動で頑張る前に、自分でできることがたくさんあるんです！

サロンの施術だから、プロの技術だからと諦めるのは簡単ですが、この方法を少しずつ、自宅でやるだけでも確実に効果は出てきます。

内臓の調子も整うってホント？

私からみれば不思議なことでもなんでもないのですが、乳トレはお腹の「見た

向かって右がバスト周りを施術した直後。バストのふっくら感が増し、しかも上向きになっているのがわかる。また、触れていないのにウエストのくびれの位置が右側だけ高くなっており、前に突き出た肋骨もきれいにおさまっている。広がったアンダーバストが正しい位置におさまるため、体重はそのままなのにカップ数が上がり、見た目グラマー度が増す。

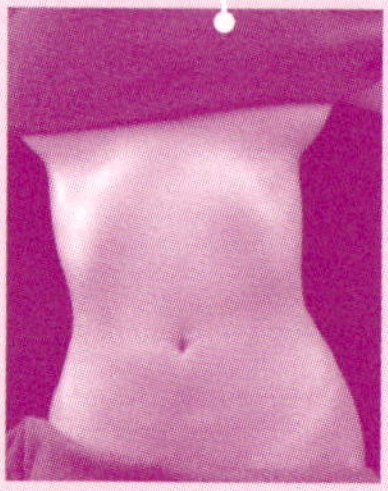

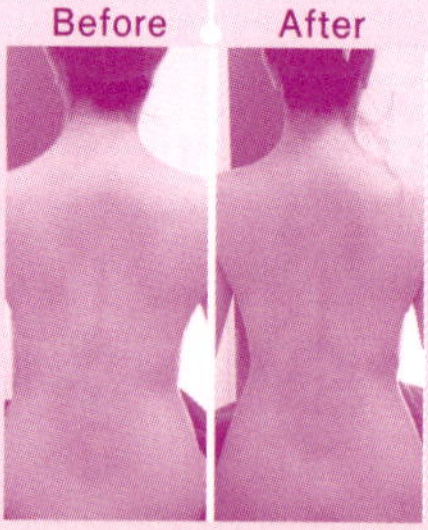

目」だけでなく「中身」も整えてくれます。そう、なんと内臓の調子までよくなるんです。

その理由の1つは、横隔膜の働きがアップするから。お話ししたように乳トレは、呼吸をぐっと深くてクオリティの高いものにしてくれます。胸郭が伸縮するようになると、それにつれて横隔膜が上下にしっかり動くんですね。この横隔膜の動きにはかなり個人差があり、2〜3センチしか上下しない方もいれば、深い呼吸で7〜8センチ動くという方もいるのだそう。横隔膜も立派な筋肉（焼き肉でいえばハラミ！）ですから、これが呼吸とともに動くと、肝臓や胃をマッサージすることになります。尾籠《びろう》な話ですが、排便のときにも腹筋とともに便を押し出す働きまでしてくれるほどなので、そのマッサージ効果がいかにパワフルかわかりますよね。乳トレによって呼吸が深くなると内臓にしっかり血液が届き、働きがよくなるというのも納得できませんか？　胃下垂や便秘、胃炎ぎみなど慢性的なトラブルの緩和にも、乳トレは一役買ってくれます。

また、私が依拠している理論の1つ、経絡《けいらく》（※）では、バスト部分はお腹へと通じる大切なポイント。胃腸の調子が悪いときは胸の経絡を調整すべし、といわれるほど内臓と関係しているんです。ですから、「バストに触れる」という習慣は、女性だけでなく男性にもぜひ取り入れていただきたい！「飲みすぎ、食べすぎで調子が……」「どうも胃もたれがする」なんて方は、男女関係なくせっせと自分のバストに触れてほしいもの。老若男女、どなたにも取り入れていただけるのも乳トレのいいところだと、自画自賛ですが思っています。

※経絡

体に張り巡らされている、気と血の通り道。人体を縦方向に走る経脈と、支流となる絡脈から成る。体を守る、臓腑と臓腑をつなぐなどさまざまな役割を担っている。

Column

肌もバストもピカピカになる女のひと財産は“流れる体”で決まり！

アトピーに悩んだ20代前半

今でこそ整体師・セラピストとして活動していますし、肌やバストを褒めていただきます。でも、私はかつてアトピー性皮膚炎に悩まされていた経験があります。強いお薬を使ったり、高価な化粧品に頼ったこともあります。

けれど、お薬よりも何よりも効果があったのは、「体の巡りをよくする」というケアでした。経絡マッサージはもちろんですが、入浴や適度なウォーキングで血液を巡らせると、徐々にいい肌が育つんです。外側から何かを塗り込めるより、きちんと巡る体を作ることが大切、と実感させられた出来事でした。

“肌＝排泄器官”だから流れよくしてキレイに！

とあるクリニックの先生にうかがったのですが、背中や顔のニキビがひどい患者さんにインディバ（温熱治療器）を施すと、面白いように消えてしまうのだそう。私たちは化粧品やお薬を上から塗ることで解決しようとしがちですが、「内側の巡りをよくする」のは、それと同じくらいに美肌効果があるのです。

考えてみれば、肌は汗や皮脂を出し、日々はがれて落ちてゆく“排泄器官”のようなもの。ニキビやアトピーなどは内側から不要なものを出そうという体の働きですから、流れがよければ消えていくのも納得です。

バストのためにも、そして美肌のためにも、詰まり知らずの、気持ちよく流れる体を作りましょう！

Chapter 2

おっぱい番長が教える「これだけは」の乳トレ

顧客のバストをぐっと上げ、ハリを復活させた
朝井麗華テクニック。それを自分の手でも
再現できるのがこの乳トレ。簡単なのに
毎日ちょこっと続ければ、うれしい変化が！

毎日やりたい、美バスト秘技

1日
たった
5分！

朝井麗華が「すべての女性にマスターしてほしい」と語るのが、ここに紹介した3つのマッサージ。忙しくても、眠くてもこの3ステップを続けていれば、美しいバストが育ってくる！

自前のブラ＝大胸筋《だいきょうきん》を育てる「バストくるくる」

WAZA 1

片側の手を、 指を揃えた状態でバストの下側に添える。下側を支えることでバストが無駄に動くのを防ぎ、靭帯《じんたい》へのダメージが防げる。

逆側の4指でバスト上部を内から外へ円をかきながら、バストの土台の大胸筋のつまりを取るようにマッサージする。**片方の胸につき30秒**。

逆側も同様に行う。バストの土台となる大胸筋のこわばりをほぐすのが目的なので、イタ気持ちいいくらいの圧でしっかり深部に効かせる。

ふっくら柔らかい質感を生む「肋骨《ろっこつ》ほぐし」

WAZA 2

片方の手指を揃え、逆サイドの脇の肉をバスト側に集める。

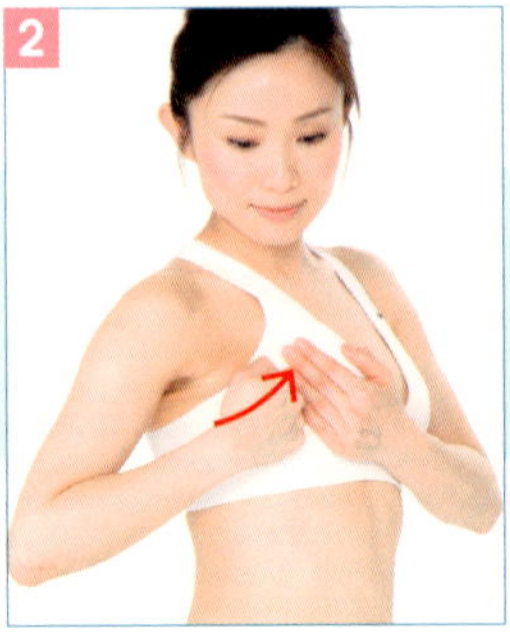

もう片方の手をグーにして、第2関節の骨で脇からバストへとマッサージする。やや斜め上、バストトップに向かうイメージで上げていく。

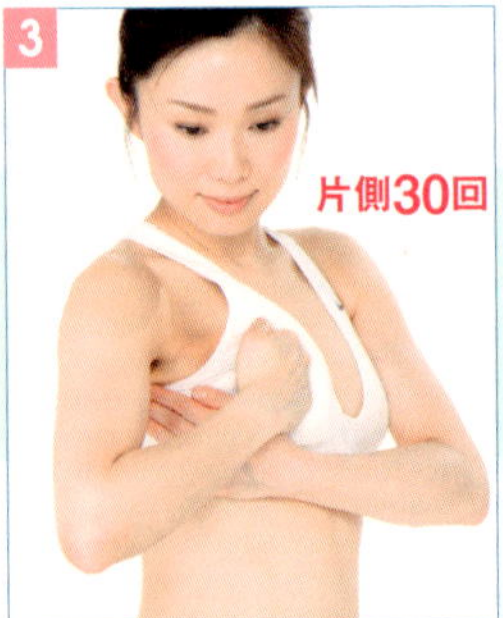

支えていたパーの手がバストトップまできたらはずして、もう一度脇からバストへとマッサージ。これを**片側30回**行う。

※撮影のためブラトップを着用しております。できれば上半身裸で行うと効果的です。

憧れの“谷間”を出現させる
「グーパー推拿《すいな》」

WAZA 3

1 手をグーの状態にし、第2関節の骨で外から内へと圧をかけながら寄せる。 外側に流れた胸を補正するのが目的なので、しっかりと力を入れること。

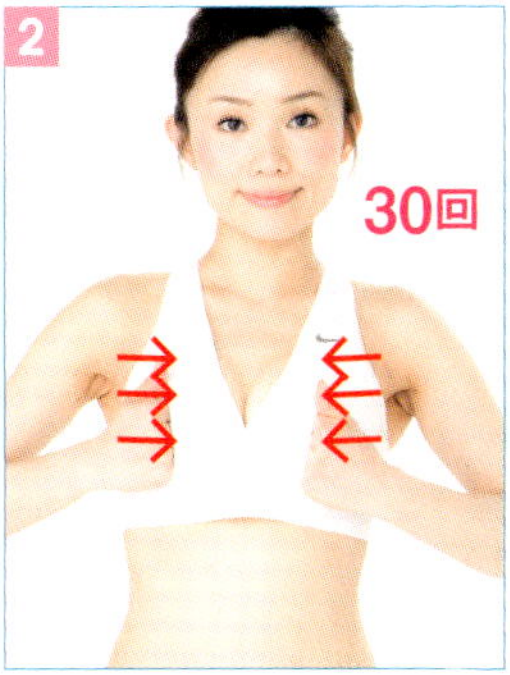

2 ワキ下、バスト上部、バスト下部の順に3ヵ所をしっかりほぐす。 緊張が強い人は体側がこりやすいので、特に念入りにほぐすこと。**各10回ずつ合計30回**行う。

3 正しい位置を覚えさせるように、大きく開いた手で体側からバストを支えて内側へ寄せ、30秒キープ。 朝のお出かけ前に行うのもおすすめ。

Column

おやすみ前のグーパー推拿は効果抜群！

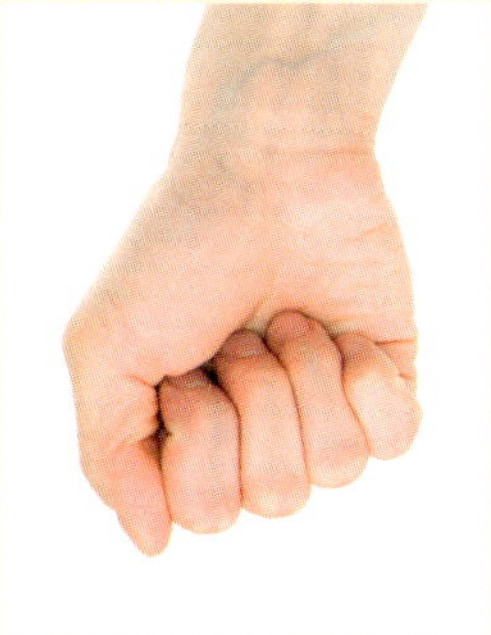

呼吸のたびに膨らんだり縮んだりして、肺を助けてくれる肋骨。そのつなぎ目の筋肉＝肋間筋はなるべくしなやかに保ちたいもの。こぶしを作り、第二関節でぐっと押したときに痛い人は肋間筋がこって硬くなっているので、グーパー推拿をこまめにやるとよいでしょう。寝る前に行うグーパー推拿には、睡眠中の呼吸を深くしてくれる効果も。「眠っている間の呼吸はセルフマッサージ」と表現する人もいるほどで、呼吸が深ければ睡眠のクオリティも上がり、疲労からの回復も早くなります。肌への酸素供給もアップするなど、いいことずくめです。

ボディを解放する「筋膜はずし」を、いざマスター!

体の奥深くから緊張を解き、リラックスしたいい状態に導く朝井メソッド。そのキモである「筋膜はずし」を学べば、巡りのいい美ボディになれる!

筋肉ごと
つかむのよ!

痛いけど効果は絶大! 番長直伝の「つまみ」テク

WAZA

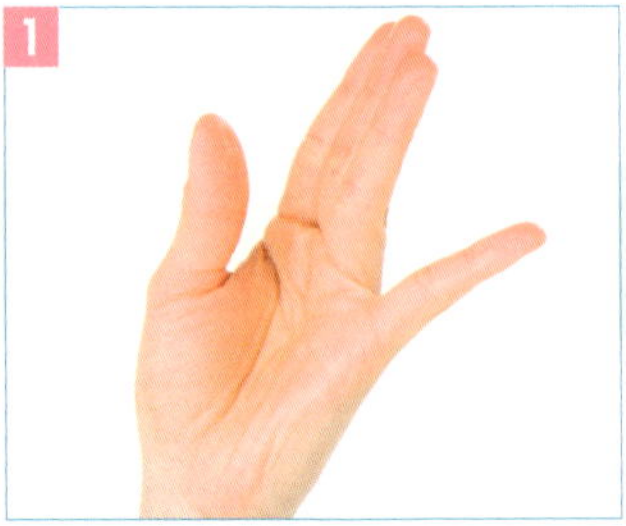
1

使うのは、親指と人差し指・中指・薬指のみ。女性の細い指でも、コツさえつかめば癒着した筋膜を引きはがせるようになる。

2
押すのではなく、
つまんでもむ!

肩こり部分をケアするなら、 腰に手を当て、逆側の手で気になる部分をつまむ。こった部分に親指をぐっと差し入れるのがポイント。

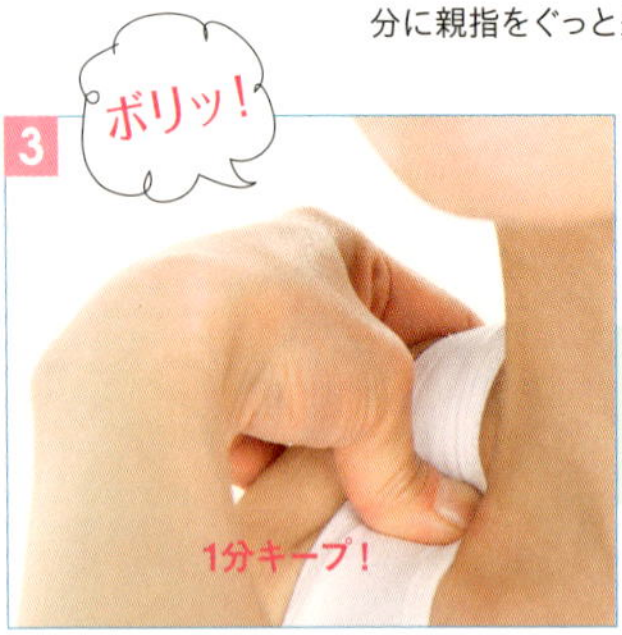
ボリッ!
3
1分キープ!

こり部分をつかみ、ぎゅっと力を入れた状態を**1分キープ**。癒着がひどい場合には、ゆるんではずれると「ボリッ」と音がすることも。

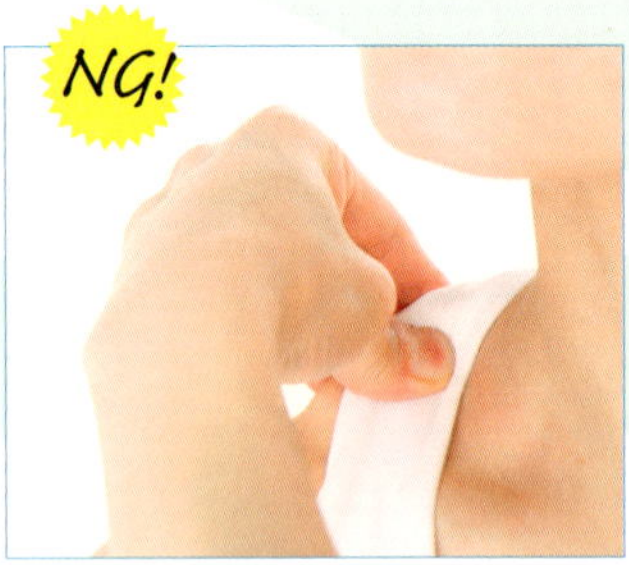
NG!

指でつまむ部分が少ないと、効果はイマイチ。大きな筋肉をぐっとつまんで、深いところからこりをほぐすようイメージして。

痛いからって
手を抜いたら
容赦しないわよ!
朝井麗華

Column

骨に働くよりも効果が高い「筋膜」って?

筋膜とは、筋肉や骨、内臓などを包む薄い膜のこと。コラーゲンなどからできているが、動きの少ない部分は癒着しやすく、これが蓄積すると〝こり〟となる。外側を包む膜が癒着すると中の筋肉も押しつぶされ、硬くなってしまう。多くのマッサージでは血流をアップさせて筋肉の柔らかさを取り戻すが、それを包んでいる筋膜をゆるめることで、より根本からの解決を図るのが朝井麗華流なのだ。

ここが
ポイント！

全身の「筋膜癒着マップ」

運動不足や過度の緊張によって癒着してしまう筋膜。
その癒着がこりやゆがみとなり、全身に影響を及ぼすので
このマップを参考に筋膜はがしにトライしてみて。

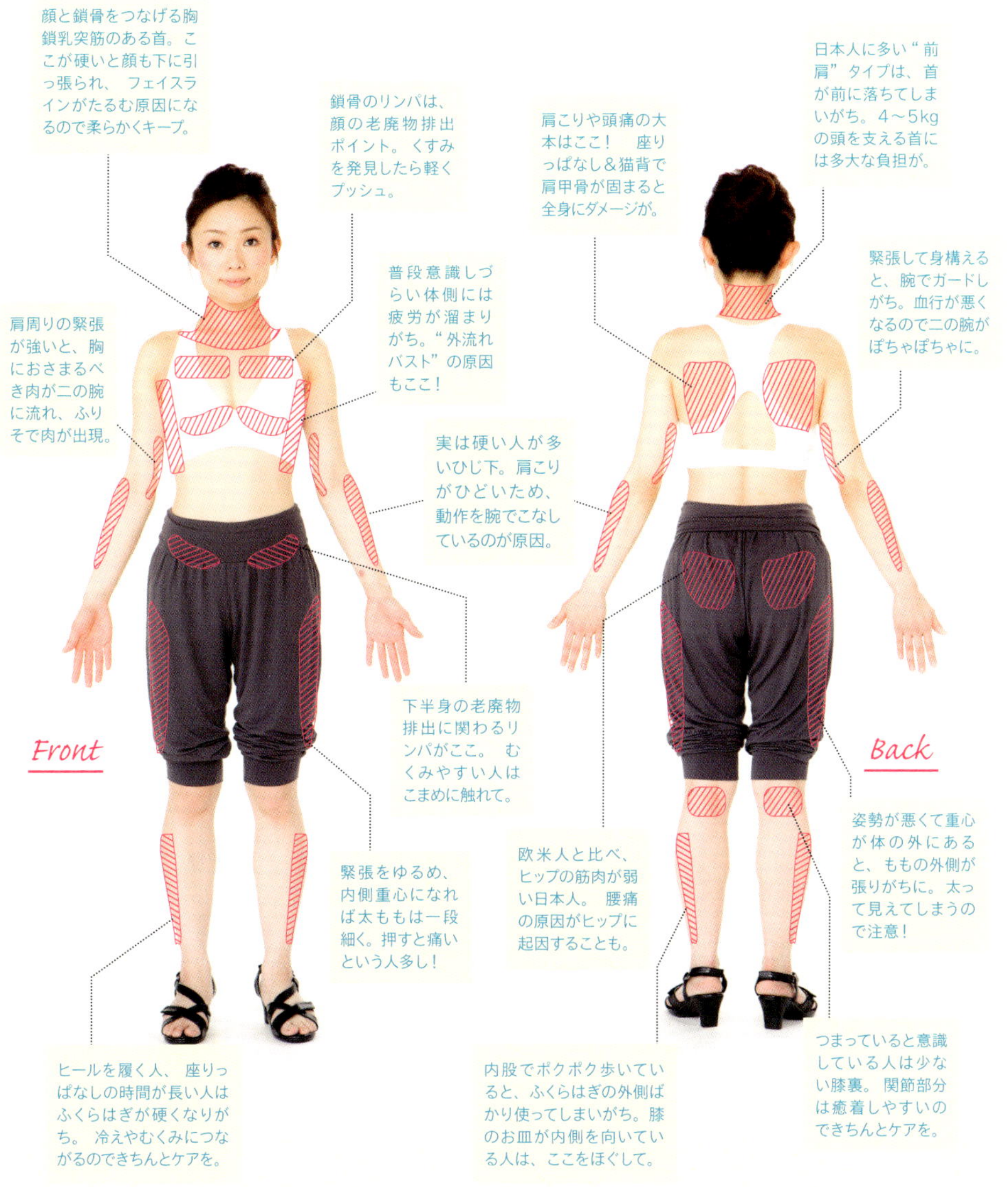

顔と鎖骨をつなげる胸鎖乳突筋のある首。ここが硬いと顔も下に引っ張られ、フェイスラインがたるむ原因になるので柔らかくキープ。

鎖骨のリンパは、顔の老廃物排出ポイント。くすみを発見したら軽くプッシュ。

普段意識しづらい体側には疲労が溜まりがち。“外流れバスト”の原因もここ！

肩周りの緊張が強いと、胸におさまるべき肉が二の腕に流れ、ふりそで肉が出現。

実は硬い人が多いひじ下。肩こりがひどいため、動作を腕でこなしているのが原因。

下半身の老廃物排出に関わるリンパがここ。むくみやすい人はこまめに触れて。

Front
緊張をゆるめ、内側重心になれば太ももは一段細く。押すと痛いという人多し！

ヒールを履く人、座りっぱなしの時間が長い人はふくらはぎが硬くなりがち。冷えやむくみにつながるのできちんとケアを。

肩こりや頭痛の大本はここ！ 座りっぱなし＆猫背で肩甲骨が固まると全身にダメージが。

日本人に多い“前肩”タイプは、首が前に落ちてしまいがち。4～5kgの頭を支える首には多大な負担が。

緊張して身構えると、腕でガードしがち。血行が悪くなるので二の腕がぽちゃぽちゃに。

Back
欧米人と比べ、ヒップの筋肉が弱い日本人。腰痛の原因がヒップに起因することも。

姿勢が悪くて重心が体の外にあると、ももの外側が張りがちに。太って見えてしまうので注意！

内股でポクポク歩いていると、ふくらはぎの外側ばかり使ってしまいがち。膝のお皿が内側を向いている人は、ここをほぐして。

つまっていると意識している人は少ない膝裏。関節部分は癒着しやすいのできちんとケアを。

すきま時間の美バスト刺激！

トイレで、エレベーターで……

バストに触れる時間は長ければ長いほど結果も早く出るもの。すきま時間にこんなケアを加えて、ふんわり感を持続させて。

胸も気持ちもアゲアゲになる「親指ブスブス」

WAZA 1

こってると指が入らないけど続けること！

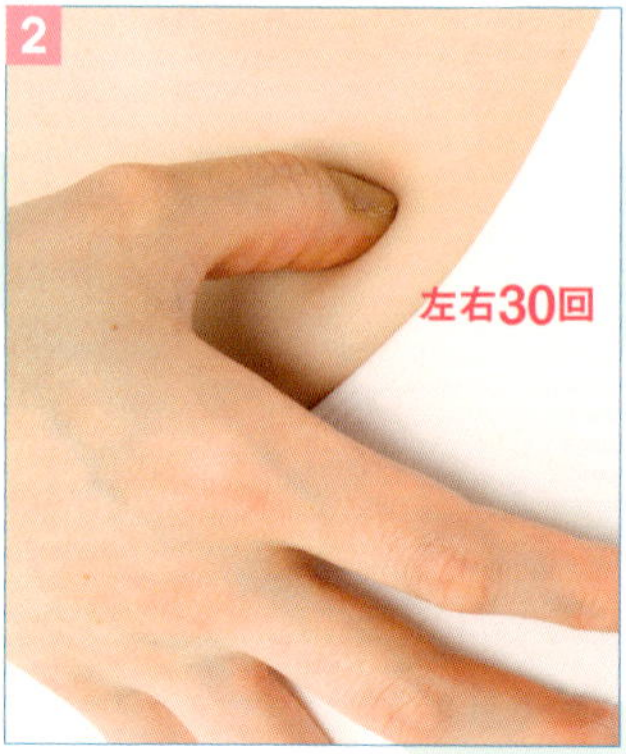

筋肉のこり固まりがひどいと親指が入らないけれど、筋肉が柔らかければ写真くらいめり込むもの。多少痛いくらいが効果的。**左右30回**が目安だが、気づいたときに行って。

親指で、逆サイドの胸のバストトップから上側をプッシュ。大胸筋を深部からゆるめるのが目的なので、骨の間にぐっと差し込むように。

細かい部分をほぐすなら こんな“かっさ”も便利！

骨と骨の間をほぐすのに便利なマッサージ用。脚用に開発されたものだけれど、丸みのある形でアタリが柔らかく、細部に入り込む絶妙な形。肌を傷めないよう、別売りのセラム使用がおすすめ。〈右〉アユーラ ビカッサボディープレート ¥2,200、〈左〉同 セラム 180g ¥4,300

バストトップより下はつまっている人がほとんどなので、最初はソフトに。下側は手をクロスせず、ひじを張りながら手と同じ側のバストをプッシュするほうが行いやすい。

下側は痛いわよ！

老廃物もスッキリ！ イタ気持ちいい

「筋肉つかみ」

WAZA 2

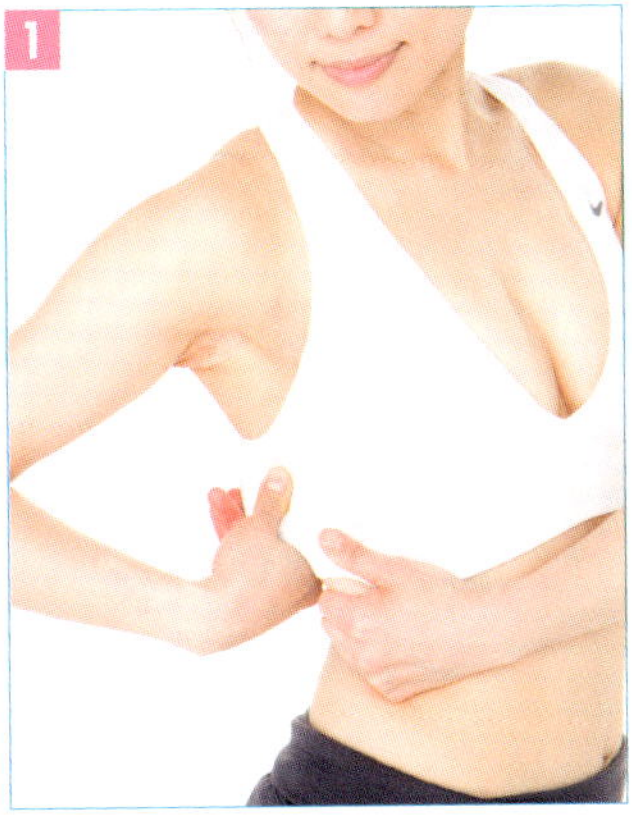
1

P36の筋膜はずしの応用編。体側の、ブラのベルトがかかる部分の肉を両手でつまむ。表面の肌だけをつまむのではなく、骨から肉を引きはがすようなイメージで深くから行う。

2
30秒〜1分

脇の肉をしっかりつまんだら、両手でそれをゆらゆらと揺する。こっている人は痛みが強いので、 無理せず自分のペースで行うこと。**30秒〜1分**の範囲で、できる限り長めに。

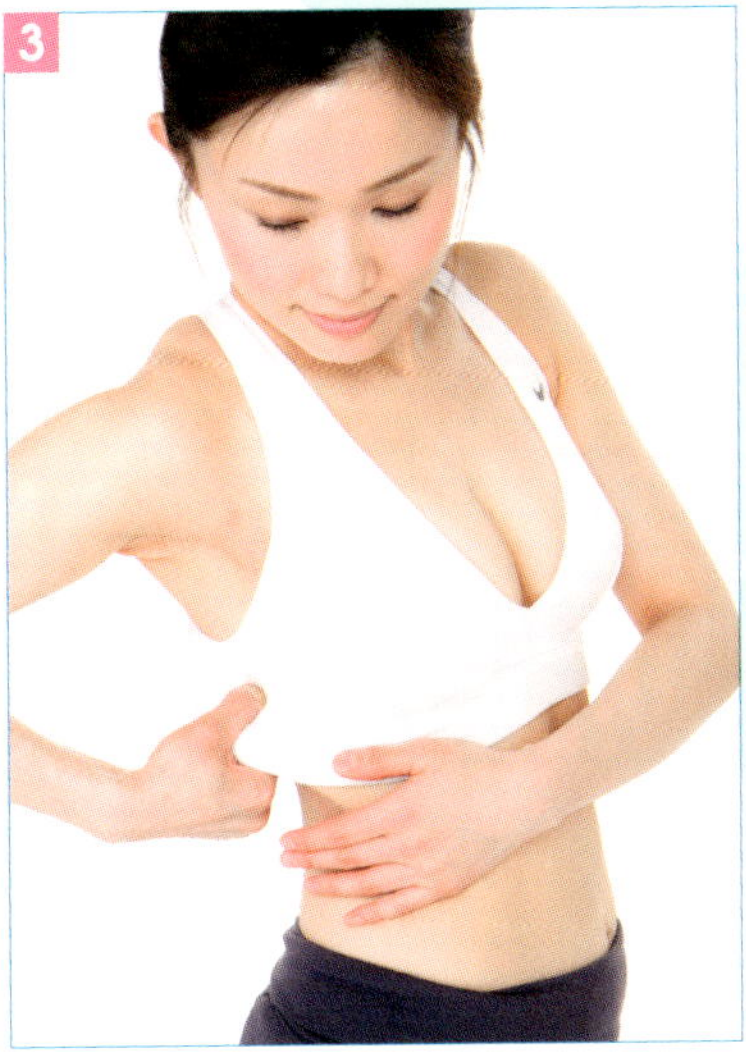
3

2でゆるめた筋膜を引きはがすため、外側に向かってぐっと引っ張る。体側には肩ほどの筋肉量はないのでP36のように音はしないが、肋骨がぐっと動きやすくなるのが感じられるはず。

ストレスで
ゴリゴリの脇を
ほぐすと快適〜!!

やってるね！

Point

肋骨が動くと呼吸が深くなるので、顔色がよくなる効果も。夜のお出かけ前におすすめ！

ささっとバストケア3

毎日の生活に組み込めちゃう

毎日のマッサージはつい面倒になりがち。でも、お風呂やベッドなど日常のシーンに組み込む“ながら美容”なら、負担なく続けられるはず。

お風呂で！ “体のゴミ箱”を空にする「脇&肩甲骨もみ」

WAZA 1

継続は力なり！

1

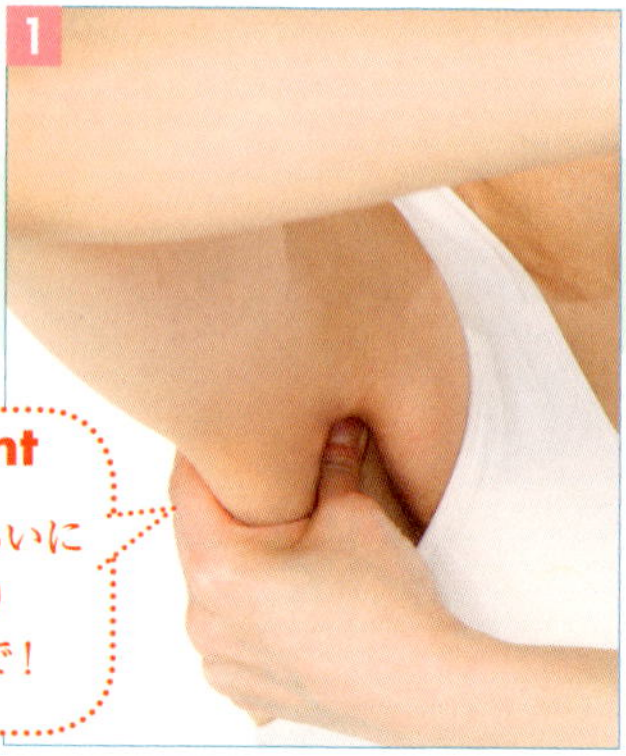

Point

痛いくらいにしっかりつかんで！

体温が上がるバスタイムは、絶好の乳トレチャンス！ 体の老廃物が流れ込むリンパ節と筋膜を同時に刺激して。まずは親指を逆サイドの脇にぐっと差し入れ、4指を背中側へ。

2

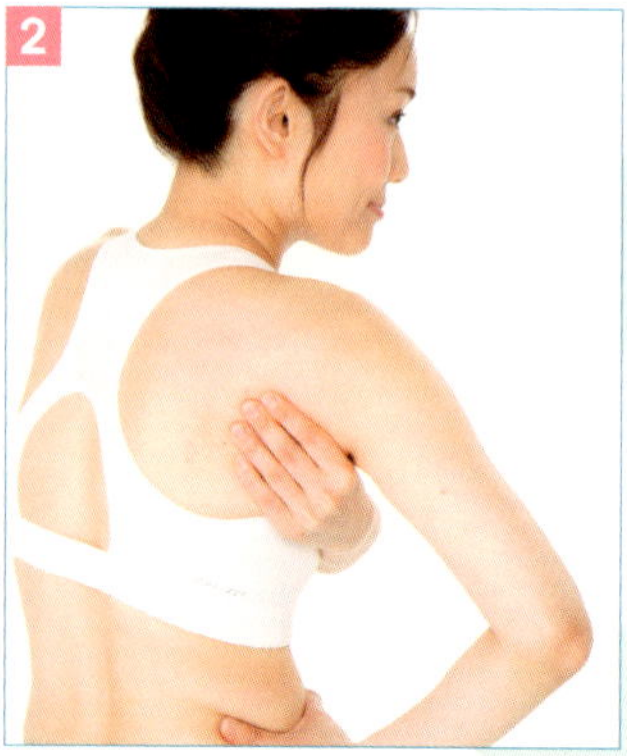

後ろから見ると写真のように、親指以外の指で肩甲骨も刺激しているのがわかる。 肩甲骨外側のへばりついたこりをゆるめるため、4指でもしっかり背中側の筋肉をつかむこと。

3

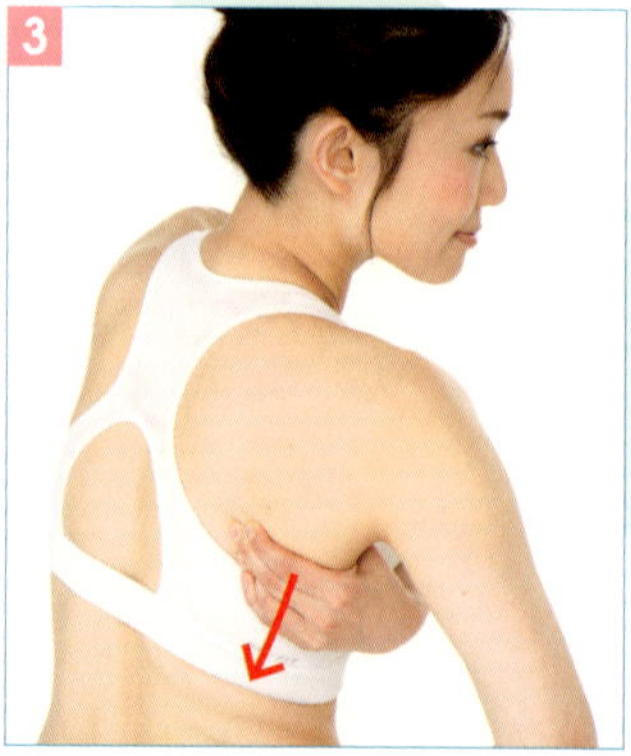

そのまま4指と親指で肩甲骨際をグーッとはさみ下へスライドし、へばりついたこりをゆるめる。リンパの流れもよくなり、老廃物の排出が促されるので、むくみや疲れもすっきり。

関節へのアプローチでバストを効率よくゆるめましょ！

筋線維の束を包んでいる筋膜は、関節部分で骨やほかの筋膜とつながっている。そのため、関節部分の筋膜をゆるめると、そこにつながっている、触っていないところもほぐれてくるのが筋膜はがしのメリット。脇や体側に働きかけるのは、美おっぱい育ての大切なプロセスなのだ。

リビングで！

女スイッチが入る「自分よしよし」

WAZA 2

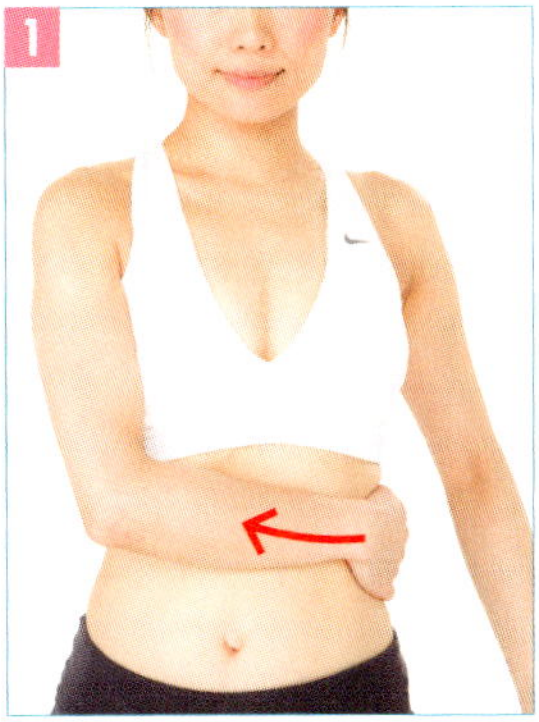

指を揃え、手のひら全体を使って体側から体のセンターまでをマッサージ。まずは片手を脇腹に当て、くびれを掘り出すように体中央まですべらせる。

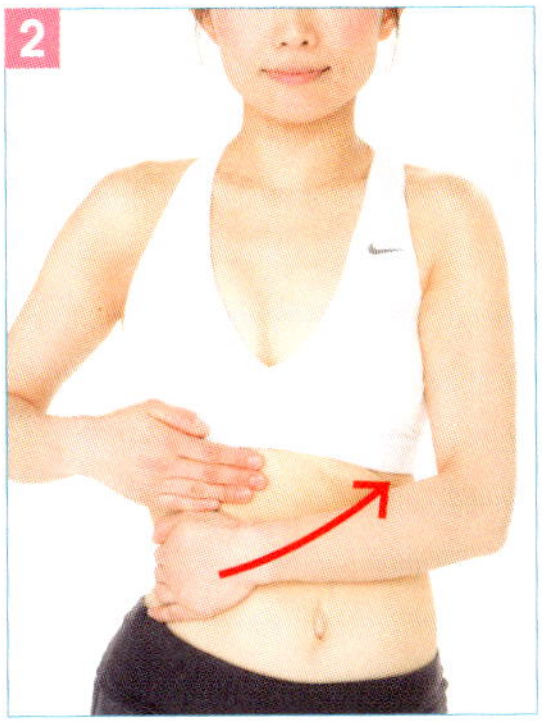

右手と左手を交互に使い、体側から体のセンターまでをマッサージ。これは強い圧ではなく、頑張った体をいたわるように優しくなでればOK。

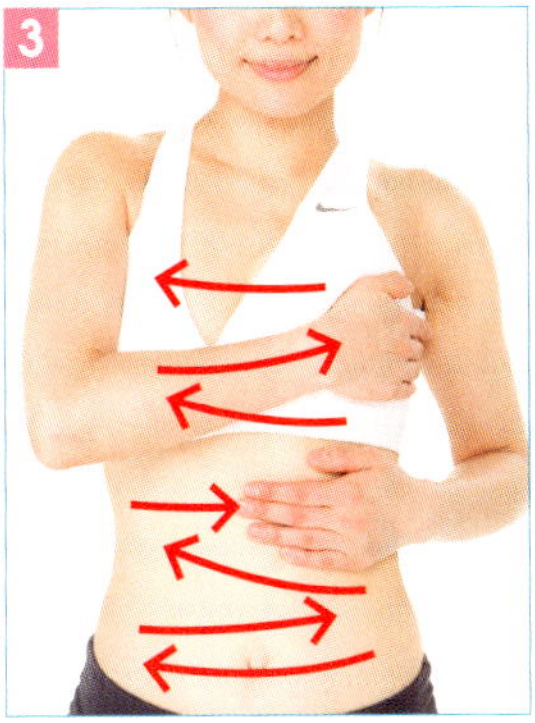

左右交互に、少しずつ位置を上げていきつつマッサージしていく。胸郭のこわばりをゆるめることで呼吸が深くなり、バストのハリも甦る。3回くり返す。

ベッドで！

おやすみ前の魔法、「引き上げおっぱい」

WAZA 3

Point
足の付け根のリンパ節から！

眠る前の儀式として、パパッと行ってほしいのがこの「引き上げおっぱい」。手のひらを面にして、下から上へと優しくなでさするだけ。スタートはそけい部からお腹の上あたりまで。

左右の手を交互に使いながら、お腹から胸、胸から鎖骨と、少しずつ手の位置を上へ移動させる。そけい部から鎖骨までを**10回前後**なで上げる。お肉が上がっていくイメージ。

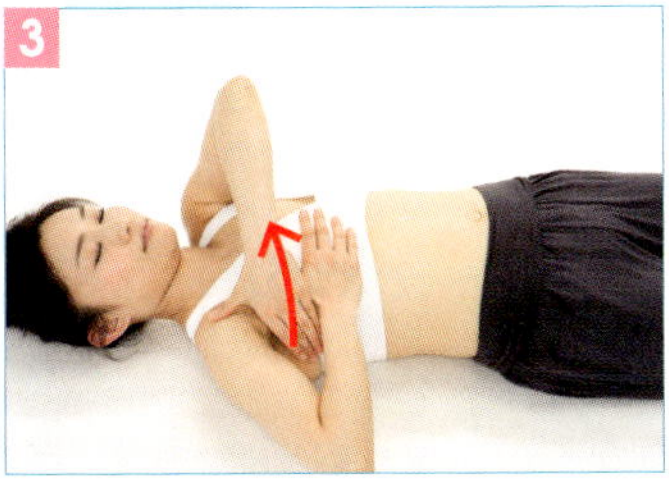

続いて、脇から体のセンターまで、流れたバストを中央に寄せるイメージで片手ずつ交互に引き上げ。片胸を**5〜6回程度**行う。ナイトブラもなしでやるのが効果的。

お肉よ上がれ！1分で完了！

頑張れる日の美バストエクササイズ

週末は動きましょ！

マッサージでほぐれてきた筋肉を、しっかり動かすのも美しいバストを作る大切なポイント。週2回、エクササイズを取り入れてみて。

準備 全日本人必携！　猫背を解消する“ゴムチューブたすき”

ゴムチューブをたすきに使うことで、動きやすく胸が開いた姿勢をキープ。最初に、輪にしたゴムチューブを1回ひねり、腕に通す。

ゴムチューブを脇ぎりぎりまで上げ、頭をくぐらせて背中側に回す。市販のゴムチューブを半分にカットするとちょうどいい長さ。

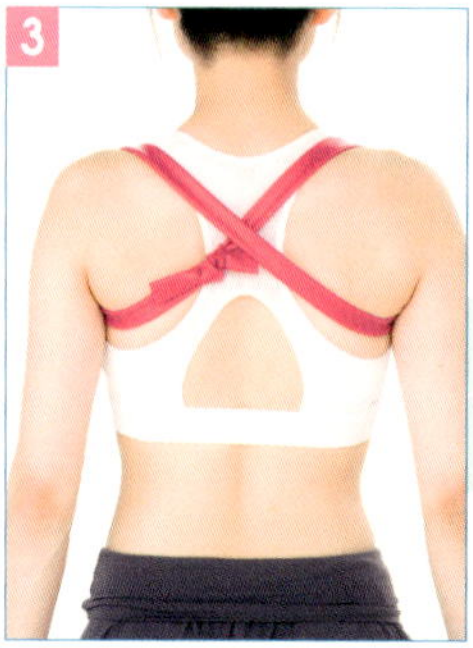

後ろから見たところ。前に落ちやすい肩が開いた正しい姿勢に。「私はパソコン仕事や家事なども、これをつけてやっています」と朝井。

ここでは市販のゴムチューブを使用したが、なければタイツでもOK。伸縮性あるものを自分サイズにして。

WAZA 1 バストも心も大きな女になる「腕ぐるりん」

Point
ゆっくり、大きくね！

普段は固まりがちな肩甲骨を大きく動かすエクササイズ。手のひらを自分側に向けて両手を組み、胸の前からスタート。ひじを外側に張るのがコツ。

自分の周囲に大きな円を描くように、下から左、左から上へと腕を回していく。肩甲骨がこり固まっている人なら、パキパキと音が鳴ることも。

自分の頭上を通って右へ、そして最初の位置へと腕を戻す。5回ほどくり返し、逆回しも同様に行う。早くではなく、ゆっくりていねいに行うのがコツ。

背中と首の重たい荷物をおろす
「天使の羽パタパタ」

WAZA 2

固まった肩甲骨を動かし、腕との連動を意識させるエクササイズ。手を逆側のひじにつける形で、体の前で腕を組む。ひじを横から見たときに肩と同じ高さになるようにキープ。

体や頭の位置はそのままで、ひじを突き出すように前へ水平に移動させる。こっている人は動きにくいけれど、5cmは前へ出すイメージで。この前後運動を**10回**くり返す。

Point
頑張って
なるべく前へ！

胸から指先までをコネクトする
「腕ぷらぷら」

WAZA 3

腕、肩は力を
抜いてね！

Point
指先をぴんと
伸ばさない
のがコツ

胸と腕を連動させるエクササイズ。座った状態で腕を前後左右に広げる。このとき、腕を「胸の中央から動かす」イメージで行うのがポイント。

日常の動作に近い状態で行いたいので、腕や肩に力は入れず、ゆるやかに。指先もひじも少し曲がっているほうがベター。円を描くようにゆっくり回す。

慣れてきたら、円を描くのではなく適当な方向にぷらぷら動かすのでもOK。**2分**程度行うだけで、腕を動かすときに大胸筋も連動するようになるはず。

経絡を応用！

“流れ”いいボディで、バストも肌もイキイキ！

「バストに触れなくてもバストアップは可能！」という麗華メソッド。
気になるパーツをケアしつつ、バストも一緒に上げられて一石二鳥！

バストとくびれを同時に作る「ハの字ぐりぐり」

WAZA 1

1

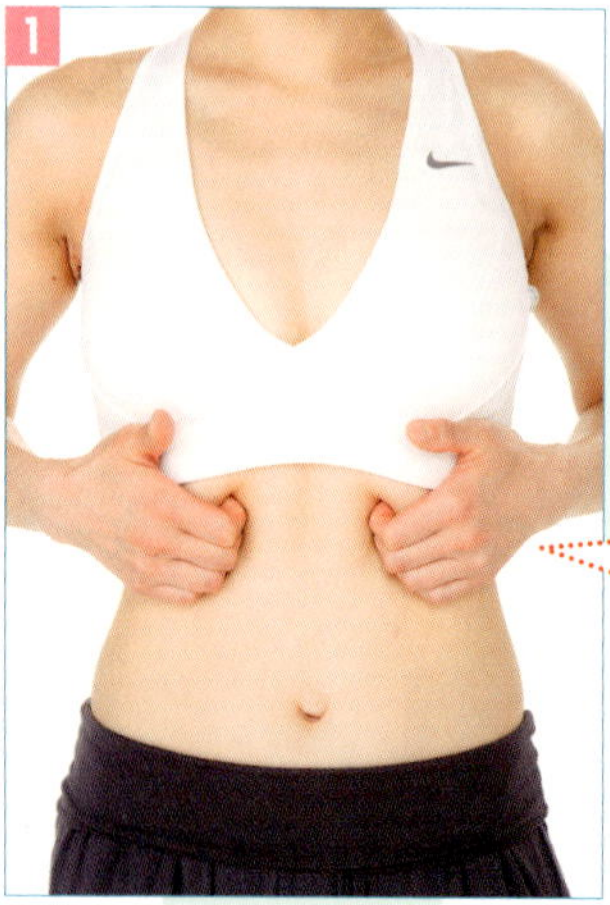

いちばん下の肋骨に、4本の指をぐっと差し込む。こっている人は痛いこともあるので、無理のない程度に差し入れて30秒ほど持ち上げるようにマッサージ。

Point
関節で曲げて指をぐっと入れ込む！

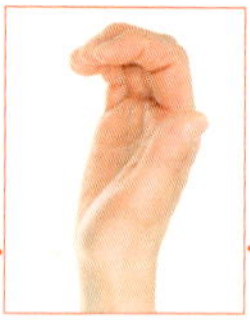

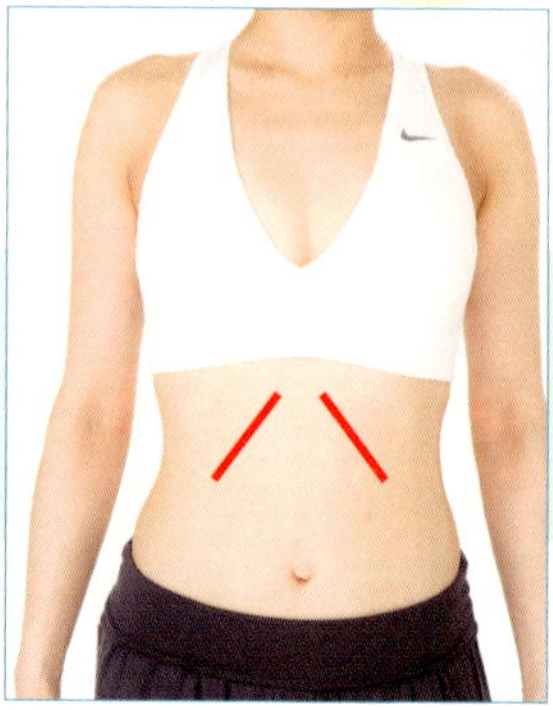

肋骨が開いている人は横隔膜の動きも悪く、お腹が硬くなっているケースがほとんど。経絡でいえば胸とつながるお腹をほぐすのも有効な手段。

2

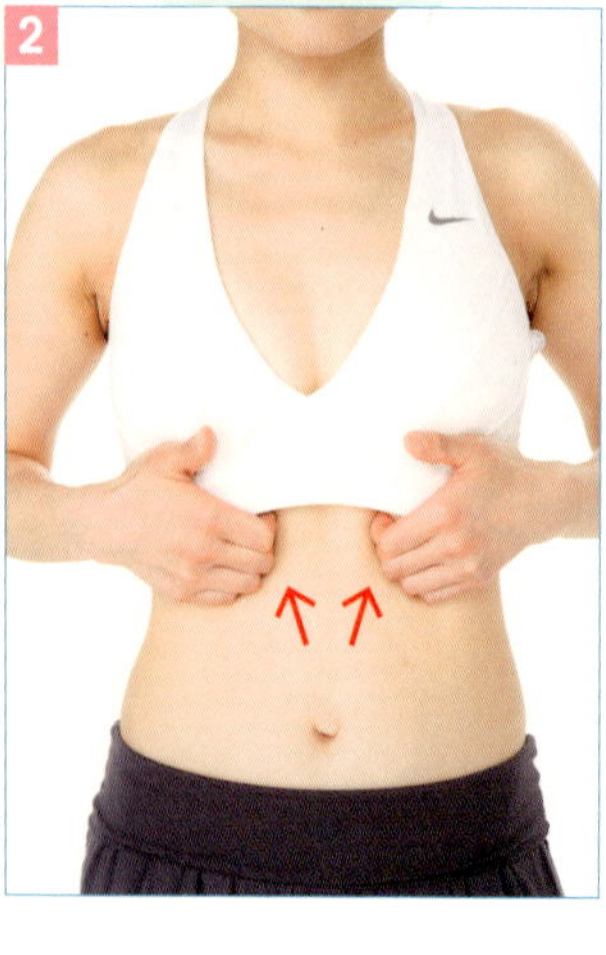

お腹が柔らかければ、写真くらいに指がぐっと中に入る。痛みがひどくなければ、いちばん下の肋骨の裏に指を差し込むイメージで。

年齢とともに硬く広がるお腹を柔らかくして！

WAZA 2

便秘もスッキリ解消！「内臓アゲアゲ」

1

むくみがなく、バストにしっかり栄養が届くボディを目指すなら、胃腸も元気でなければ。立ったままで、そけい部を軽く揉んでほぐすところからスタート。

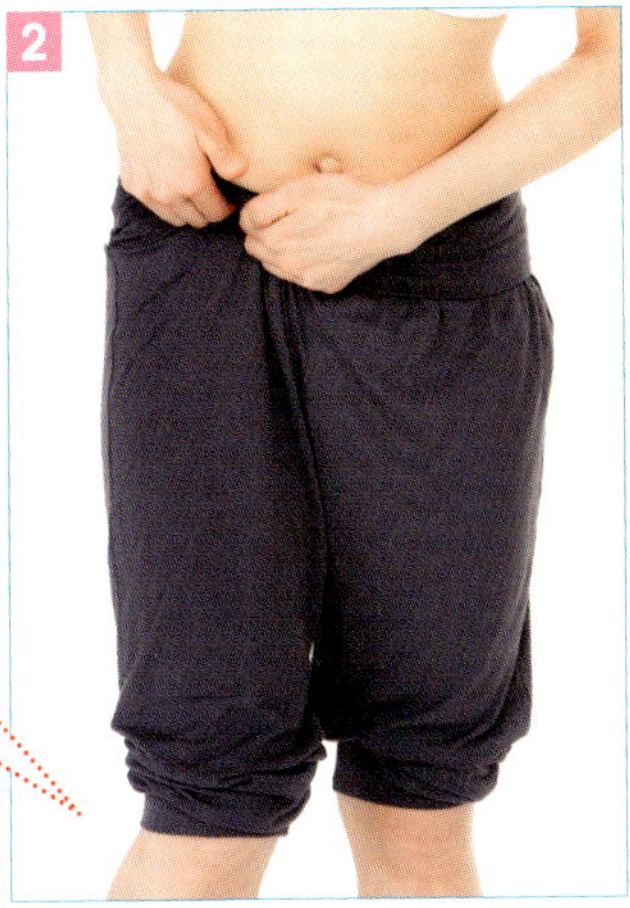

2

続いて、人差し指から小指までの4指を、そけい部からおへそに向かってぐっと差し入れる。揉んでいる側の足を浮かせつつ、腸を引き上げるようにするのがポイント。

Point

そけい部が張らないよう浮かせて！

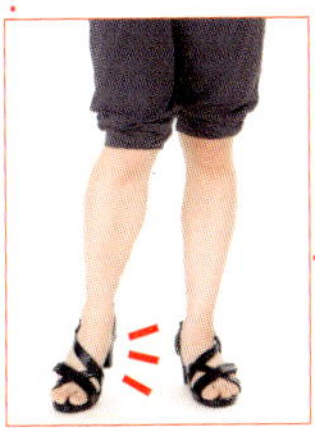

Column

婦人科系のお悩みは、お米のツボ刺激で解決！

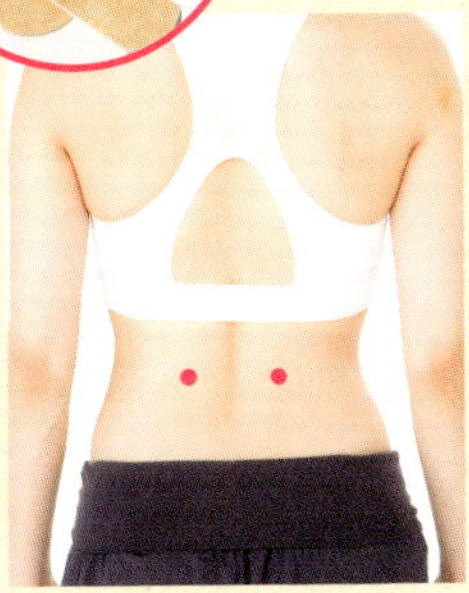

ウエストのくびれと同じ高さで、背骨から指幅2本分離れたところが腎兪。冷えやむくみ対策にもいいので、覚えておいて。

自宅でバストケアを行うときに、マッサージだけでなくツボ刺激も取り入れると、バストアップ効果がさらに高まる。女性ホルモンのバランスを整えるツボに働きかければ、婦人科系のトラブル全般の改善にも役立ってくれる。「そんなときに役立つのが、ピップエレキバンのような磁気つき絆創膏。なければ米粒を絆創膏で貼ってもOKです。ツボ部分を穏やかに刺激できますよ」。たとえば写真の腎兪《じんゆ》は、子宮が温まり、ホルモンバランスが整う有名なツボ。絆創膏を貼るだけのお手軽ビューティなので、忙しい人こそ試してほしい方法だ。

助けておっぱい番長！

3大バスト悩み解決の方程式

ここまでの基本テクニックをマスターしたら、それらを組み合わせて悩みにより的確にアプローチ。サロン顧客の3大悩み解消法に迫る！

貧弱ボディに見える「削げおっぱい」 悩みその1

引き上げおっぱい

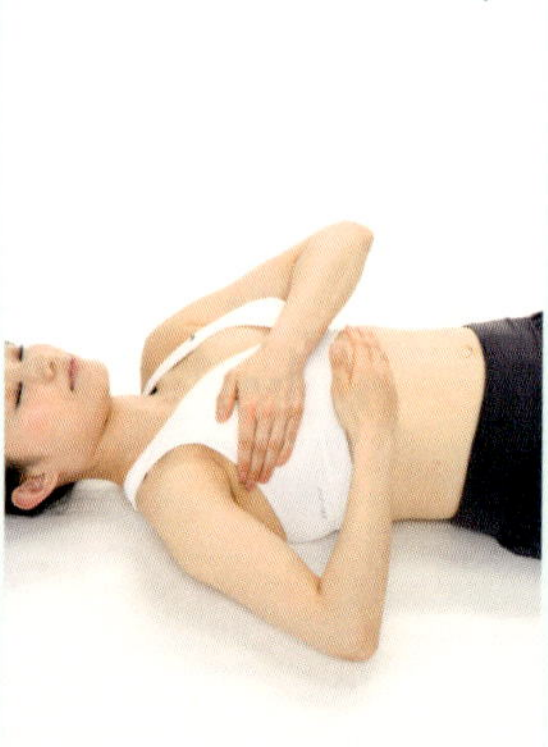

バストくるくる

バスト悩みNo.1は「バスト上部が痩せてくる」「サイズは変わらないのにデコルテが貧弱になった」というもの。30代半ばから生じる「バストの削げ」は、**P34の「バストくるくる」とP41の「引き上げおっぱい」**を組み合わせて。特に「くるくる」は朝晩行うべし！

現役感がなくなる「垂れおっぱい」 悩みその2

筋肉つかみ

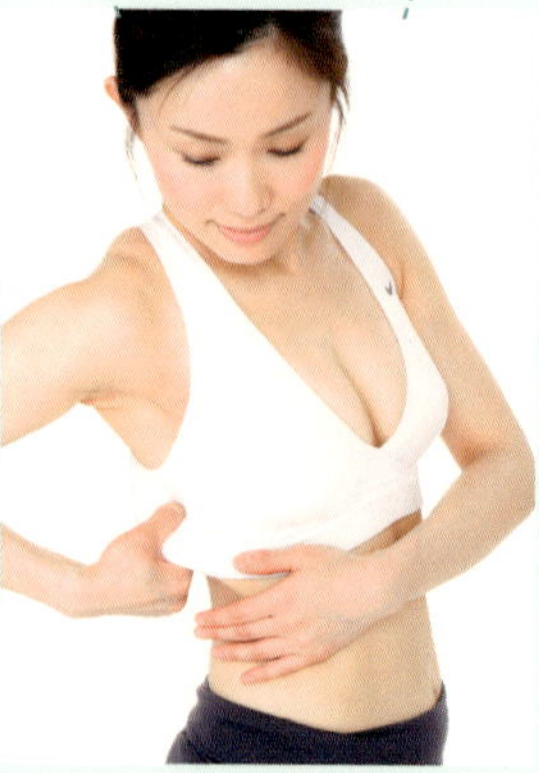

グーパー推拿

バストが下垂する原因は、靭帯の伸びだけではありません。体側が固まることによって引っ張られるのも、バストが下がる大きな原因。**P35の「グーパー推拿」**で体のサイドをほぐしつつ、**P39の「筋肉つかみ」**を組み合わせれば、バストも顔もぐっと上がる！

悩みその3

日本人女性に多い「離れおっぱい」

自分よしよし

＋

肋骨ほぐし

肩甲骨から脇にかけてのこりがひどいと、バストが外側に引っ張られることに。**P34の「肋骨ほぐし」とP41の「自分よしよし」**を念入りに行えば、胸郭が柔らかくなってバストが本来の位置へ。ついでにウエストのくびれも出現する組み合わせなので、こまめに実践！

うらやましく思うけど、胸が大きい人の悩みも意外と深刻！

Column

「バストが大きすぎる！」というアナタは……

体側からバストがはみ出ると、実際以上に大きい印象に。胸郭をゆるめつつ内側に流すことで、高さのある知的コンパクト美乳に。

「バストが大きすぎる」「太って見えるのはバストのせい！」といった声もちらほら。そんなふっくらバストは、①高さを出し、サイドをすっきり見せる②肋骨の詰まりをとる、の2つがポイント。そのために効果的なのが、重みで流れが悪くなっている、バスト下側のマッサージ。人差し指から小指までの4本でバストをすくうようにしながら、みぞおちに向かって流す動きをくり返して。最初は詰まりがあって痛いけれど、毎日5分を1週間続ければ、流れが改善。痛みが徐々になくなり、高さはあるけれどサイドはすっきりコンパクトなバストへと整ってくる。

Column

日本女性たちよ、ブリンブリンになれ！

「痩せていること」ってそんなにエライ？

以前、ご縁があってミスコンテストの現場に潜り込んだことがあります。キレイな女性を見慣れている私ではありますが（サロンにいらしてくださるタレントさんやモデルさん、近くで拝見すると惚れ惚れするような美女ぶりです！）、「ミスコンに出るような女性って、やっぱりすごいんだろうな〜」とワクワク。

ところが、現場に行って見るとなんだかアレレ……。確かに皆さんはめちゃめちゃ美人ですし、すらりと背も高い。でも、水着審査を間近で見ていると、皆さん折れそうなくらいに細い！　足も棒のように細いし胸もぺたんこ。ヒップに至っては無理なダイエットでもしたのでしょうか、後ろから見たときにシワが寄っている方までいました。

2Dの体ではなく、3Dの体を目指せ！

海外に行ったときなどによく思うのですが、欧米人の体は厚みがある。それに対して私たち日本人は痩せぎみで、しかも体が薄い。そうすると、洋服を着たときに体が中で泳いでしまうので、どうも格好悪いんですね。私が目指しているのはハンガーのようなぺらんとした2Dの体ではなく、トルソーのようにメリハリのある3Dの体です。最近は、ミスユニバースなど一部で「しっかり食べて、堂々としたナイスバディを作る」指導をしているようですが、大歓迎！　どの角度から見ても格好いい、ブリンブリン（Bling-bling）な体になりましょう！

Chapter 3

教えておっぱい番長！
美バストのためのデイリー術

マッサージだけでなく、下着をつけたり
コスメを塗ったり……という“いつもの行為”も
バストをキレイにする絶好のチャンス。
日常に、美バスト習慣を取り入れちゃおう！

〝下着の魔法〟、活用してますか？

毎日当たり前のように身につけている下着。でも、その選び方やつけ方で大きな差が出てくると、知っていましたか？〝盛る〟だけでなく、バストそのものを美しく育ててくれる下着のテクニックを教えます。

その下着、「大きなニプレス」になっていない？

私のサロンにいらっしゃるお客様は皆さん意識が高く、肌はもちろんですが、ネイルや下着といったディテールもキレイにキープしていらっしゃる方がとても多いです。また、私がブラキャミは胸の形を崩すと力説しているためか、ブラジャー派の方がほとんどです。

ただ、そういった女性の中でブラを「なんとなく」つけているケースは少なくありません。でも、それではブラ本来の役割を果たしておらず、ただ乳首を隠すためのニプレスのような存在になってしまいます。そんなのもったいない！　せっかく高いお金を出して購入したブラですから、きっちり活用しましょう。

まずおさえておきたいのは、何のためにブラをするのか、という基本です。ここでは「見せブラ」としてのランジェリー（※）ではなく、きちんとバストを支えてくれるものについてお話しします。

ブラは、サイドや下に流れがちなバストの形を整えてくれる大切な存在です。けれど、単なる「見た目を補整する道具」ととらえているとしたら、ブラの機能の半分しか活用できていません。ブラには、「バストを本来あるべき位置へ導き、固定させる」という役割があり、これが将来の美バストのためにとても重要なんです！　ただの「見た目効果」ではないブラの意義を、ご説明しましょう。

「胸と体が正しい位置」は、美と健康のモト♡

よくいわれることですが、バストの9割は脂肪です。この本を読んでくださっている美意識の高い読者の方なら、「脂肪は冷える」ということをご存知かもしれません。筋肉は動けば熱を生みますから、筋肉が多い部分は触れると温かいもの。それに対し、脂肪がみっちりついていると血流も滞り、ひんやりと冷えていることが多いのです。それに、体を横から見た場合、バストは隆起している「でっぱり」ですよね。体幹に接している面積が小さいので、ますます冷えてしまいがち。冷えたバストは貧弱になりがちですし、ふんわり感がなくなります。また、血行が悪いため酸素や栄養が不足して肌がパサつきがちになり、シワやくすみも生じてしまいます。また、冷えも乳がんの一因というドクターもいるくらいですから(※)、

※ランジェリー

バストの形を整えるよりも、ファッション要素としての美しさを追求したブラジャーは「ランジェリー」と呼ばれることが多い。1枚レースだったり華やかな色や手触り。これに対し、ある程度のサポート力が期待できるものは「ファンデーション」と呼び区別する。

外気にさらされる日中、ブラでバストを包んで温かく保つのはおすすめです。

しかも、体幹にしっかり固定されたバストは歩いたり走ったりしても揺れにくくなりますよね。すでにお話ししたように、バストはクーパー靭帯で支えられており、これは一度伸びてしまったら元には戻りません。では、大切なクーパー靭帯を摩耗させないためにはどうしたらいいか？　――――ベストなのは「揺らさない」こと！　重たさのあるバストをブラで体に密着させることでしか、靭帯のダメージを減らすことはできません。クーパー靭帯が摩耗すれば、それはバストが下がり、デコルテが貧弱になり、やがては引っ張られて首やフェイスラインがたるみ……というダメージの連鎖を招いてしまいます。

自分に合ったブラをきちんとつけるという習慣は、格好いい見た目のためにも、「タレ乳」や「削げおっぱい」予防にも、乳がんなどの病気を寄せつけないためにも役に立ってくれるんです。さて、あなたのブラ選び＆つけ方は大丈夫？

「安定ブラ」から始めよう

皆さんは、ブラをどんな基準で選んでいますか？

「見た目の可愛さ」という方、よくわかります。身につけるものだから、気分を上げてくれなくちゃ！　「盛り効果」を謳《うた》ったブラもかなり売れているようで、「メガ盛り」「激盛り」なんてコピーのものも人気のよう。はたまた、「グラマラスな胸用だけど、デザインは可愛い」というブラもここ数年でマーケットが拡大し、「実

※冷え（P51）

「体温が1度上がると免疫力は5倍になる」とする石原結實医師など、低体温と病気の関連を指摘するドクターは多い。また、東洋医学では「冷えている状態」も病気として認識される。

は胸が大きくて悩んでいる人も多かった」と認識されるようになりました。いずれにしても、「見た目が可愛く」「悩みを解消してくれる機能がある」ブラの需要が高いようです。

ただ残念ながら、ブラの「見た目」と「機能」の両立はとても難しいもの。脇に流れたお肉をバストにおさめるにはベルト部分（※）の高さが必要ですし、しっかりと高めの位置にバストをホールドするには、肩ひもにある程度の太さも必要です。そう、平たくいえば「見た目に安定感のある下着ほど、補整効果が期待できる」といえるでしょう。

ですから、乳トレを始める皆さんには、まずはしっかりホールド感のあるブラをおすすめしています。特にバストが小さめで盛りたい方や、タレ乳、離れ乳に悩む方は、最初は華奢《きゃしゃ》で繊細なものは避け、布面積の大きなものを試してください。それも、毎日でなくて構いません。２〜３ヵ月ほど、「安定ブラをつけている日のほうが多い」状態を続ければ、バージスラインがしっかりできてきてハミ肉が激減します。そうなったら徐々に安定ブラの日を減らし、華奢でお洒落なブラの日を増やしてＯＫです。

今やおっぱい番長と呼ばれるようになった私も、インポートのお洒落なブラを自信を持ってつけられるようになったのはここ数年のこと。憧れのシバリスを初めて買った日の感動は、今でもよく覚えています。日々のケアでバストが変われば、いくらでもお洒落なブラを楽しめます。まずは、「安定ブラ」をきちんとつけることで、おっぱいに革命を起こしましょ！

※ベルト部分

アンダーバストから脇にかけてを支える部分のこと。ここの高さがあるほうがハミ肉をしっかりバストにおさめられるが、見た目がどうしても無骨になりがち。布面積が小さく、華奢で繊細なブラほど仕上がりは美しいが、つけこなすにはボディの準備が必要。

おっぱい番長直伝!

正しいブラのつけ方講座

なんとなく惰性でつけているブラも、
正しくつければ美胸効果が倍増。
「ワキ肉は宝！」と断言する麗華流の
美胸製造ブラ術、ぜひマスターして。

ブラの実力をMAX活用！

ここで解説した「正しいブラのつけ方」は、慣れれば30秒でできるほど簡単。それなのに、驚くほど快適でズレにくく、しかもぷりっと丸く美しく整います。毎日こうやって正しくつけていれば、バストそのものが次第に整います。最初は鏡を見ながら、ビフォーアフターを比べて実践！

ワキ肉は
“お宝”。
逃すんじゃ
ないよ！

1 前かがみでお肉集め

体を45度前傾させる。肩ひもに腕を通して、ワイヤー部分を持って胸に当て、バージスラインを作るように上げる。

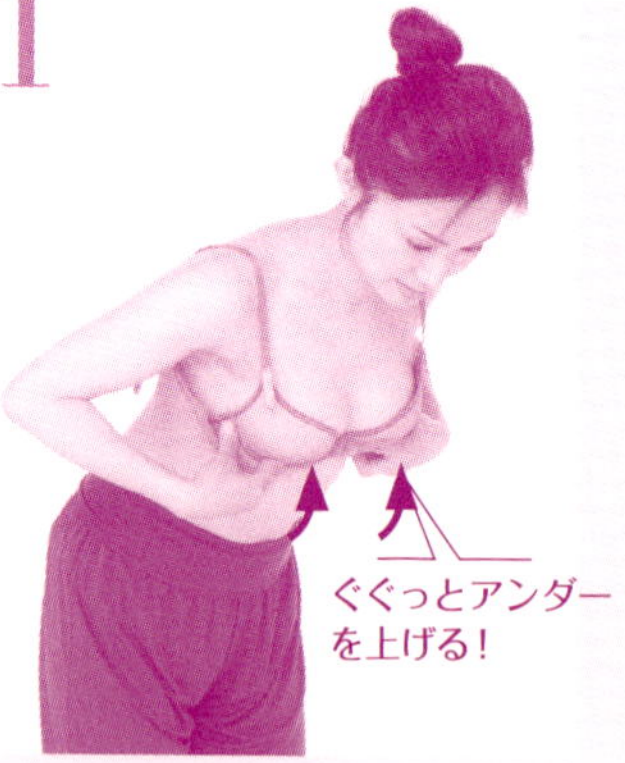
ぐぐっとアンダー
を上げる！

2 アゲめ位置でホックを留める

アンダーをアゲめの位置に当てたら、指を後ろにすべらせホックを留める。調整するので位置はアバウトでOK。

3 貴重な“肉集め”いざスタート！

ブラのベルト部分下側に指を1本通し、後ろから脇へとすべらせる。無理に力を入れず、すーっとなでるイメージ。

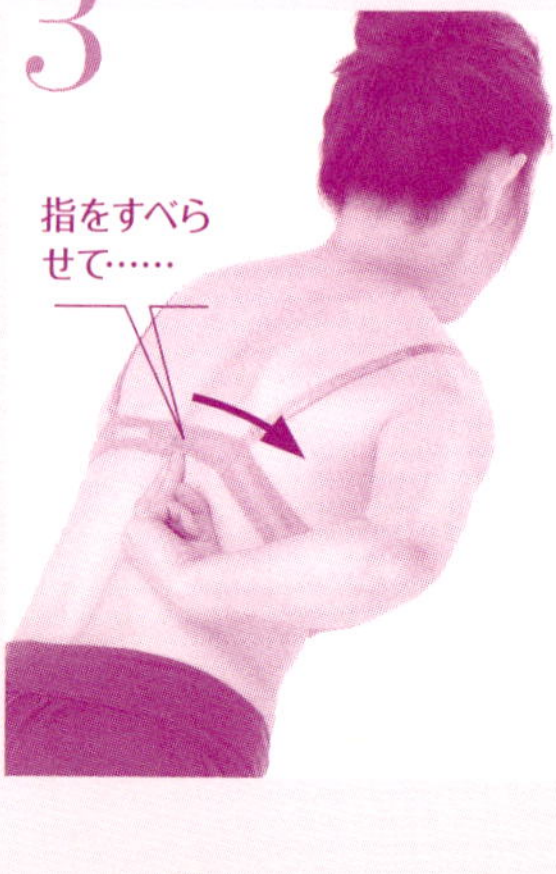
指をすべら
せて……

4 お肉リレーで背肉をカップIN！

逆の手を上からブラのカップに差し入れ、後ろから集めたお肉を受け取る。力を入れすぎず軽いタッチで行う。

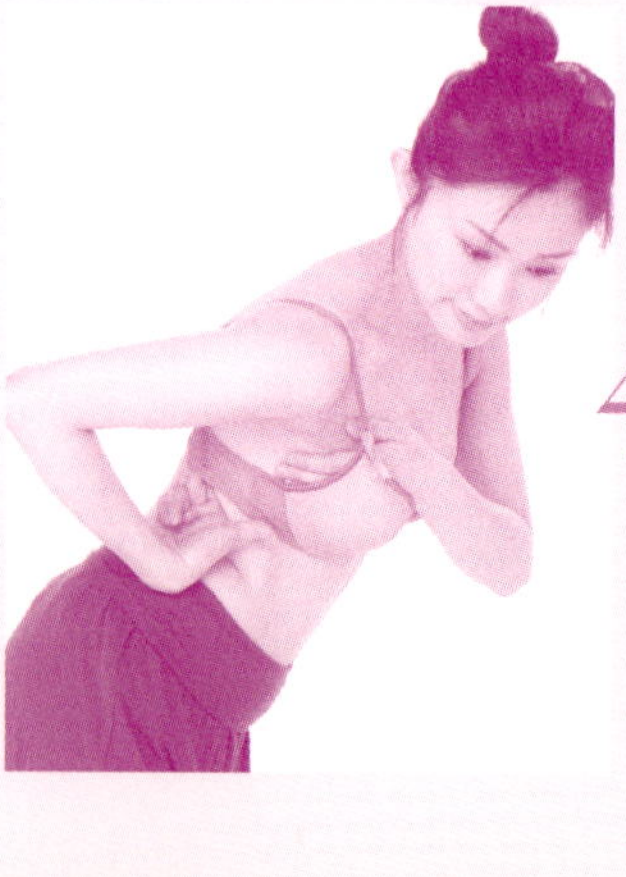

5

ワキ下のぷっくりもぜーんぶ胸へ！

背中やサイドの肉、それにワキ下のお肉をぐぐっと寄せて集める。ワキ下の"サブ乳"撲滅にもなるので丁寧に。

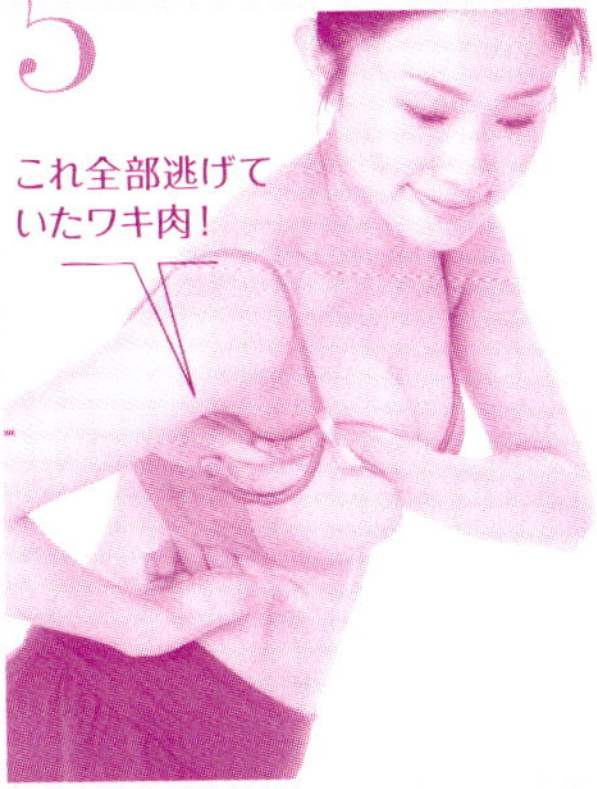
これ全部逃げていたワキ肉！

6

カップに入れてまあるい胸に♡

集めたハミ肉をすべてカップに入れ込む。乳間の谷間を作るイメージで、バストトップより上、内側に丸く盛る。

7

大事な靭帯サマを助けるひと手間

前傾姿勢のまま、肩ひものカップに近い位置を指先でつかむ。バストの下垂を防ぐ、大切なステップ。

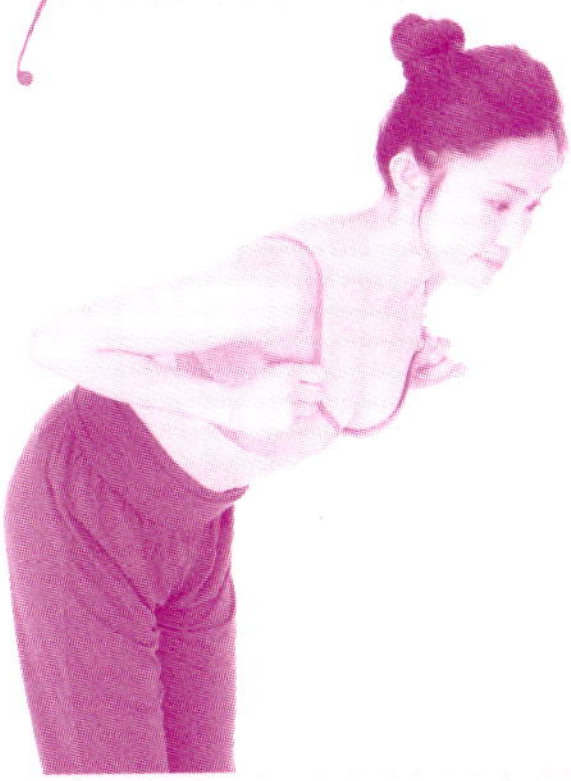

8

姿勢とともに、胸よ起きろ～！

肩ひもをつまんだ指の位置はそのままで、前傾の姿勢から直立へと体を起こす。視線もまっすぐ前を見ること。

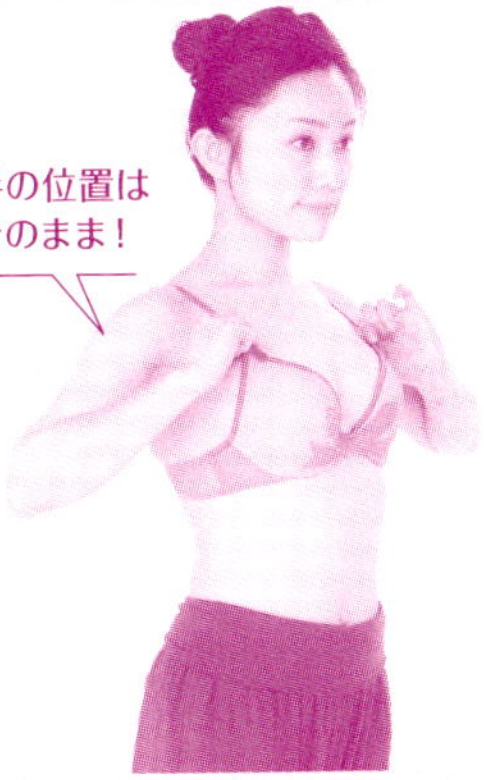
手の位置はそのまま！

9

プリンプリンの上向きバストに

指を肩まですべらせる。体と肩ひもの間は、指が1本入る程度のゆるみが適正。日中もトイレでこまめに直すと◎。

10

中央を整えてプリンプリン！

胸を中央に寄せすぎると、わざとらしい印象に。指で谷間部分の肉をカップにおさめ、正面向きの美バスト完成。

バージスラインと谷間くっきり♡

おっぱい番長が推す

“女が高まるブラ”大公開!

ここに登場するのは、見た目も可愛くて、
しかも美胸効果ばっちりのブラたち。
番長が実際につけて「これなら大丈夫！」と
太鼓判を押す実力派、あなたはどれを選ぶ？

体の薄い日本人も安心のブラはこれ！

乳腺がバーンと張った欧米人と比べ、柔らかな脂肪が多めの日本人バスト。しかも体が薄いので、脇をしっかりホールドしてお肉を集めてくれるブラがおすすめ。

つけやすいと人気の逸品

日本人デザイナーがイタリアで作らせている、つけ心地抜群のブラ。柔らかいレースのアンダーベルトで、引き締まったラインになれると評判。フォルメンテーラ ブラジャー ¥16,000／ブティック・シーン

「ふんわり演出」ならコレ

ワイヤーは痛く感じるという人のための、優しいつけ心地のブラ。お肉を寄せ集めつつも窮屈さはなく、丸くて女らしい胸に。アウターに響きにくい。エクサブラ ミディ ¥12,000／ファンジェリー

〝育乳〟に励むなら、この2大巨頭に

これまでブラに無頓着だったという人やボリューム不足の人は、背中や脇のお肉をぐいっと胸に集めるタイプを。つけるほどに胸が育つと人気なのはこちら！

大人ボディの嬉しい味方

ワイヤーやパネルでバストを押し上げ、高さのある美胸を演出。出産後などのしょんぼりバストも安心のホールド感！ 大胸筋を鍛える効果があるのもうれしい。エクサブラ ドゥ ¥9,300／ファンジェリー

さすがのメイク効果に感動！

カリスマフィッター・ペコさん考案の、元祖育乳ブラ。カップ裏のパワーネットや逆V字のジョイントなど、盛りだくさんの工夫でボリュームある胸が育つ！ ペコブラ ¥9,000／ガブリエル・ペコ

「頼れるランジェリーショップで、胸も気持ちも上げて♡」

ひとりひとり顔が違うように、バストにも個性があります。経験豊富なカリスマフィッターは、そんな個性に寄り添うブラを見つけてくれる、美バストの導き手になってくれます。ブラ選びはもちろん、つけ方やお手入れ法なども相談できます。年齢による体の変化にも詳しいので、長くお付き合いできるフィッターを探しましょう。

Shop

ガブリエル・ペコ

東京都渋谷区神宮前 6-32-5
☎ 03-3498-7315
モデルやタレントからも信頼のあつい、“ペコさん”こと日野和子さんのショップ。シャンタル・トーマスやオーバドゥなど、ひと目惚れしそうな美しいランジェリー多数。アポを取って行くのがベター。

ブティック・シーン

東京都港区南青山 1-4-2 渡辺ビル 1F ☎ 03-3478-4108
お洒落な女性たちから絶大な支持を寄せられている老舗。オーナー・国保和子さんをはじめとするベテランスタッフの丁寧なフィッティングやお直しにも定評あり。http://www.boutiquescene.com

美おっぱいに似合う、憧れブランド

バージスラインが整ってきたら挑戦したいのが、こんなビジュアル派のブラ。華奢に見えるけれど縫製がきちんとしているので、ボディメイク効果もかなりのもの。

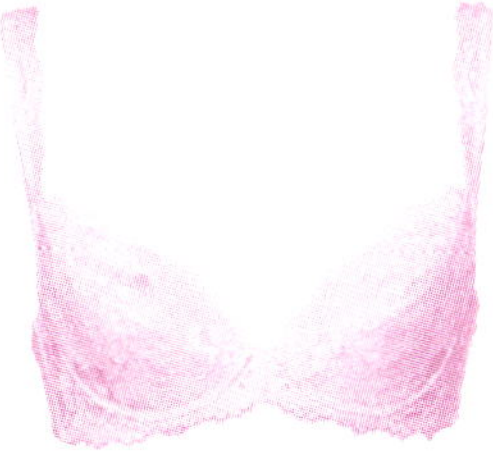

大きめバストも可愛く

肩ストラップのストレッチが効いているので、ボリュームあるバストもしっかりサポート。つけ心地がよく、見た目も可愛いバランスのいいブラ。ランジェリーク ブラジャー ¥8,000／ブティック・シーン

大人ボディを支える実力派♡

ハーフカップの可愛さと、2/3カップのホールド感を兼ね備えたブラ。デコルテをふっくら見せるので、バストが削げぎみな人におすすめ。チェスニービューティ ブラジャー¥11,000／ブティック・シーン

とっておきの日のための勝負ブラ

ドレスアップする日や彼とのお泊まりには、こんなブラを。見せたくなっちゃう美しさで、気持ちが上がること間違いなし！ 真の洒落者なら1枚は持つべし。

美しいデザインに思わずため息！

エッフェル塔が描かれた、ドレッシーなレースあしらい。フレンチ・ブラの最高峰ブランド。シャンタル・トーマス ブラジャー¥19,000／ガブリエル・ペコ

職人技が光る贅沢手作りブラ

釣り鐘形で、ちょっぴり外を向いたエレガントなバストラインに。全行程をひとりの職人が作る逸品。シバリス ブラジャー ¥23,000／ブティック・シーン

ドレスアップにふさわしいデザイン

デコルテはもちろんだけれど、谷間部分も美しく見せる秀逸デザイン。肩ひもは太めなので、実はお肉を逃さないパワフル設計。リトラッティ ブラジャー ¥21,800／ガブリエル・ペコ

ショーツはインポートのタンガが基本！

バストをキレイに演出したところで、さてヒップは？「ヒップの形を崩さないよう、伸縮性のあるインポートのＴバックをはくのがおすすめ。日本製のショーツはあまり伸びないので、ヒップの丸みをつぶす恐れが。日本製をはくなら1サイズ大きいものを選んでください」

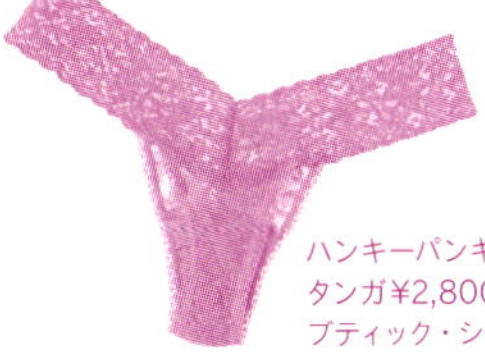

ハンキーパンキー タンガ¥2,800／ブティック・シーン

ブスおっぱい川柳

毎日の生活に隠れている“ブスおっぱい”の原因とは？

ブラのつけ方など、毎日のケアにもバストの形を崩す罠《わな》が。
悪いクセやマイナス要素をなくして、レッツ美おっぱい！

“ラクだから”そのブラトップで垂れ胸に

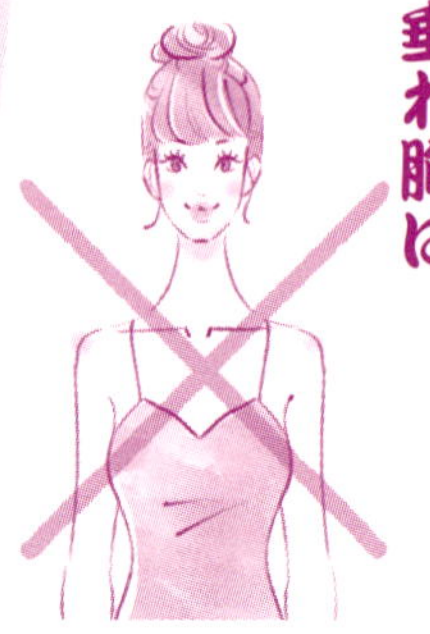

「そんなに胸が大きくないから」「ブラジャーをつけると苦しい」といった理由から、案外多いのがブラトップ（ブラキャミ）愛用者。部屋着やヨガ用などだけでなく、日常の下着代わりにしているという女性もちらほら。けれど、おっぱい番長は「ブラトップは、百害あって一利なし！」とバッサリ。「まず、サポート力が期待できませんよね。バストの重みを支える力が弱いので、クーパー靭帯を傷めてしまうことにもなりかねません。特に、バストが大きめの方は垂れ胸を招きますよ。また、カップの形が自分のバストとズレますから、本来胸にあるべきお肉をつぶしたり背中に逃がしてしまいがち。ラクなのはわかりますが、せいぜい週に1回程度の使用に留めてください」

我が胸のサイズ計測1年前

「皆さん、ランジェリーを買うときにプロにサイズを測ってもらっていますか？」とおっぱい番長。体重の増減には一喜一憂する人でも、案外バストサイズの計測は「最後に測ったのは……えーと、1年前かな？」なんてことも。「たとえ体重が変わらなくても、年齢を重ねればお肉が柔らかくなったり下垂したり、体にはさまざまな変化があります。理想をいえば3ヵ月ごと、少なくとも半年に1回くらいはプロにサイズを測ってもらいましょう」

朝つけて ずっとそのまま ずぼらブラ

さて、ここで質問。日中、何回くらいブラの位置を正していますか？ 私たちの体は立体だし、さまざまな動きをしますから、どんなに完璧にブラをつけても時間とともにズレてきてしまうのは仕方ありません。ただ、それを放置しておくと胸が崩れる原因になるので、日中に何度かは補整をしたいところ。「トイレに行ったときに、前かがみの姿勢になってカップにワキ肉を入れ込むのはオススメです。これを1日に数回くり返すだけで、半年で2カップ上がったお客様がいらっしゃいますよ」とおっぱい番長。

恥ずかしい？ じっくり見ましょう 我がヌード

「日本の女性は〝体重〟を気にしすぎです！」とおっぱい番長。「そもそも、同じ容積なら筋肉のほうが脂肪よりも重たいもの。体重が増えた減ったと気にするよりも、〝見た目〟を優先しましょうよ！」。そのためにおすすめなのが、お風呂上がりなどに裸の自分をじっくり観察すること。体重という数字よりもはっきりと、お腹のぽちゃぽちゃ感やバストのしょんぼり具合を実感しませんか？「1日1回は、じっくり自分のヌードを鏡で眺めるのを習慣にしましょう。ボディの変化はそこから始まります！」

揺れるなら 迷わず手を上げ ヘイ！ タクシー！

重みのあるバストを支えてくれている〝天然ブラ〟の役割を一手に担っているのが、クーパー靭帯。「バストが揺れると靭帯を傷めてしまうので、とにかく揺らさないことが肝心！ スポーツブラのストラップが太めにできているのも、重みのあるバストを揺らさないためなんです」とおっぱい番長。唯一無二の靭帯にダメージを与えないよう「すごく急いでいるときも、走るくらいならタクシーに乗ります！」と断言。取り替えのきかない天然ブラを守るためなら、タクシー代くらい安いもの！

おやすみ中ノーブラこそが美女のモト

乳トレで流れよく、アゲアゲにした胸をサポートしてくれるのが、ブラの存在です。ただし、麗華メソッドでは眠るときには不要。「日中はしっかりしたブラをつけてほしいのですが、夜は〝解放タイム〟。ブラだけでなく、精神的なストレスや緊張からも解き放たれるための時間なんです。締め付けは〝気・血・水〟の巡りを妨げるので、どんなにいいブラであっても、はずすひとときをもってください」。寝返りをうったり、深い呼吸をしたり（横になると腹式呼吸がしやすい）という時間も、昼間の緊張から体をゆるめるための大切なひとときなので、ノーブラでリリース、が基本です！

お洒落して体冷やしてブスおっぱい

東洋医学では、ありとあらゆる〝首〟を出さないのが温かボディの秘訣。バーンと体を露出するお洒落を楽しむなとは言いませんが、その分しっかり入浴する、自宅では靴下を履くなどして、体温が下がりすぎない工夫をすべき。温かい体なくして美おっぱいは育たない！

スマホ好き前にのめってぺったんこ

ただでさえ猫背になりやすい日本人。特に、小さいスマホを見るときには前のめりになってしまうので、あっという間に大胸筋がつぶれ、肩が落ちてしまいます。スマホを使うときは「自分が画面に近づく」のではなく、「画面を自分に近づける」気持ちを忘れずに！

カップより中身が大事そのバスト

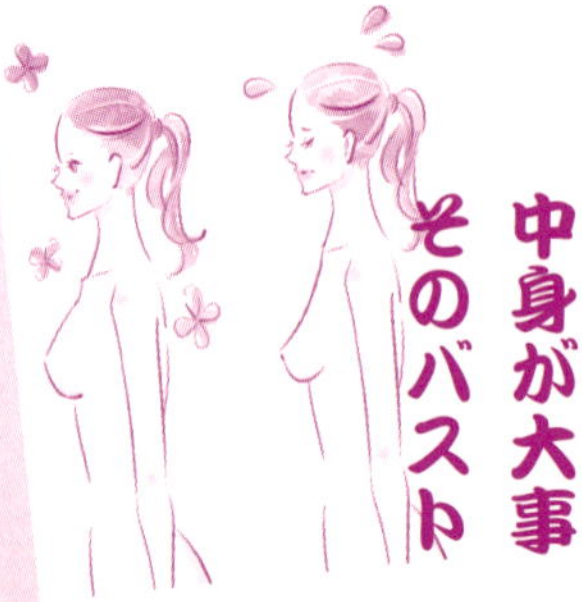

トップバストとアンダーバストを計測し、その「差」でブラのカップが決まります。けれど、単純にカップサイズでみたら同じでも、イラストのように垂れたり削げたりしていると貧弱な印象に。また、ふっくらしたバストでも、バストの丸みが体の幅より外に出れば太って見えるし、内側に集まっていればスマートに見えるなど、大きな違いが生じます。表面的な数字に左右されず、その中身がどうなっているか、見た目がイケているのかチェックしましょう。

どっこいしょ
無精なしぐさで
オバ胸に

体の動かし方は、実は見た目年齢を左右する大きな要因。たとえば呼ばれたとき、首だけで振り返る人と、体ごと振り返る人。見た目にエレガントなのは「体の軸から動く人」です。これはあらゆる動作に当てはまり、手や指先だけで何かを取ろうとするより、体幹から動くほうが美しく見えます。しかも、体の軸を動かすので流れがよくなるし、エネルギーの消費量もアップ。動かないと、大胸筋や肋間筋といったバストに関わる大切な筋肉もさぼりっぱなしになります。「どっこいしょ」と動きを最小限にしているアナタ、どんどん見た目がオバ化していくのでご注意あれ！

シャワーだけ
パンだけライフで
貧乳に？

突起していて脂肪が多いので、ただでさえ冷えやすいバスト。おまけにボディまで低体温とあっては、バストが枯れていくこと間違いなしです。バスタブに入らず、いつもシャワーだけで済ませていませんか？　あるいは、パンや麺類など、あまり噛まなくてもいい柔らかいものばかり食べていませんか？

そういった日々の積み重ねも低体温を招き、バストや肌に悪影響を及ぼします。毎日でなくてもいいので入浴したり、和食をしっかり食べる日を作ってみて。

ガンガンに
洗濯したブラ
大丈夫？

ブラは1ヵ月使っただけでベルトが約1センチ伸びてしまいます。消耗する原因はそれだけではありません。洗い方や干し方といったお手入れの間違いによっても、ブラの素材は摩耗します。面倒だからと洗濯機でガンガン洗ったり、適当に干していませんか？　「浸けるだけでＯＫ」という手軽な下着専用洗剤もあるので、大事なブラはぜひ手洗いを。上下さかさまにしてベルト部で留めて干せば、形崩れが防げてきれいな丸みあるカップがキープできます。ゆがんだり傷んだりしたブラでは、バストの形を崩す一方。ブラのお手入れも乳トレの一環と心して丁寧に扱ってあげましょう。

いつもの筋肉グセを忘れよう！

一時期「骨盤矯正」（※）が大ブームとなりました。骨盤のゆがみを正し、ときには「バキッ」と音をさせる治療は、確かに効果てきめん。やってもらったときはお尻やウエストがキュッとして、歩き方もキレイになります。

ただ、私は骨にだけ強圧をかけてゆがみを矯正するより、筋肉も同時にアプローチするべきだと思うのです。いきなりパキパキ鳴らすだけでも一瞬見た目は整いますし、ショウとしては面白いですよね。でも、体はその瞬間からどんどん元に戻り始めてしまうんです。

では、どうして元に戻ってしまうのでしょう？　考えてみれば、骨はすべてバラバラで、腱や筋肉でつなぎ止められていますよね。骨格を理想的な位置にバキッと矯正しても、いつものように筋肉を使っていたらどんどん戻るのは当たり前。肝心なのはその「筋肉のクセ」を正すことなんです。〝急がば回れ〟で、骨格を正したい人こそ、筋肉に働きかけるべきなんです。「骨バキッ」だけで蓄積されたゆがみをとろうなんて、体はそんなに都合よくできていません（笑）。ゆっくりゆるい力で骨を動かしたり、筋肉をほぐすマッサージを併用する必要があるんです。

もちろん、筋肉を収縮や癒着から解放したからといって、一度の施術でＯＫというわけにはいきません。でも、筋肉がしなやかさを取り戻すと可動域が広がるので、体の使い方が変わってくるんですね。ですから、元のゆがんだ状態にはなかなか戻りませんし、快適な状態が長く続きます。

※骨盤矯正

骨盤矯正と看板を掲げていても、その施術の内容はさまざま。骨盤のゆがみに着目して全身を整えるものもあれば、いきなり骨盤をバキッと鳴らして施術終了、というものも。ここで説明しているのはもちろん後者。

大切なのは、「普段の体の使い方」。おかしなクセや偏りを捨て去れば、自然に本来のバランスいいボディが現れてきます。

「頭」より「体」で覚えるべし！

この本では「日常のダメなクセ」をいくつも指摘しています。現代人の生活には、ブスおっぱいへと導く要因がたくさんあります。でも、バストをダメにする最大の原因は……それは「ストレス」!!　緊張して呼吸が浅くなり、大胸筋や肋間筋が硬くなる。くよくよ悩んで眠れないから、ホルモンバランスが崩れる。冷えが蓄積しているのに気づかず、毎日シャワーで済ませている、なんてのもストレスが溜まっている証拠です。

でも、「ストレスを取り除きましょう」なんて言われても無理ですよね（笑）。わがままなクライアントも、無理を言う上司も、大変な子育ても、放り出してしまうわけにはいきません。そんな状態で「正しい姿勢をとらなくちゃ」なんて思ったら、課題が増えてさらにストレスが溜まってしまいます。

そんなときこそ、体から始めてみては？　ちょっとマッサージしてみる。コスメを使ってうっとりしてみる。深呼吸してみる。使わない筋肉を動かしてみる。緊張いっぱいでおかしな筋肉グセのついた状態からふっとリリースされる瞬間を作ってみましょう。「ラクな状態」を頭で考え込むよりも早く、体で覚えることができるはずです。

顔も胸も上がる、番長ワザ

すきま時間に実践！

ここでは、ちょっとしたあき時間にできちゃう乳トレをご紹介。トイレに入ったときにこそっと実践すれば、ほら、ふんわりバストに♡

WAZA 1
サブ乳にさようなら！「リンパつかみ」

大胸筋の下の小胸筋に働きかけるエクササイズ。片腕を上げ、逆の手の 4本の指を脇のくぼみに入れ、親指を上に当てて挟み込む。

伸ばした手で大きな円を描く。片側につき10回行い、逆サイドも同様に。リンパ液が流れ、胸の上にサブ乳が出現するのを予防できる。

WAZA 2
胸も口角もキュッ！「イーーッ！」

トイレに入ったときやお風呂の中で簡単にできる乳トレ。手で軽くバスト上部に触れながら行うと、胸がぐっと引き上がるのがわかる。

唇を開いて歯をむき出しにする。「イ——ッ!」と発声するイメージで口角も上げること。10秒キープを3回。胸の皮まで引き上げるイメージ。

WAZA 3

フェイスラインごとアップ「ひょっとこ顔」

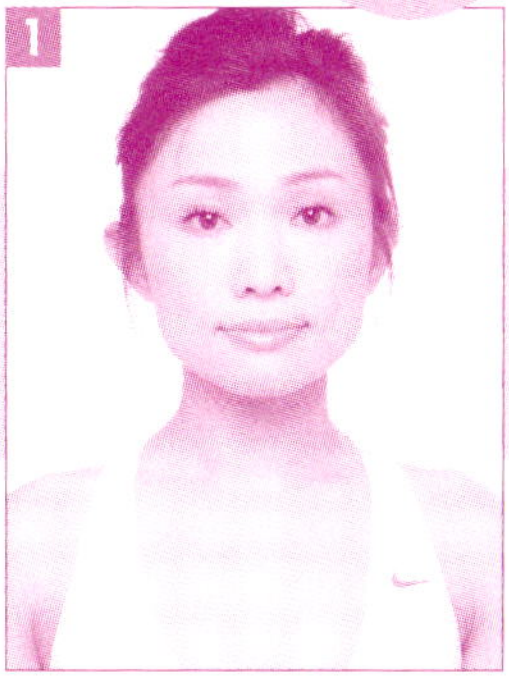

1 デコルテの削げを予防しつつ、フェイスラインもキュッと締まるエクササイズ。これもトイレやお風呂で、空き時間にパッとできる。

2 口をすぼめて前に突き出し、そのまま右側にぎゅっと寄せる。5秒キープ。ゆっくり元に戻す。

3 逆側も同様に行う。左右5回ずつが目安。フェイスラインのたるみやほうれい線、首のシワ対策にもおすすめ。

変顔エクササイズは、
1人でいるときは常にやるべし！
誰にも見られていない瞬間が訪れたら
すかさずやる！と癖づけて

Column

顔のエクササイズが乳トレになる理由

左の写真を見ると、首にくっきりと筋が浮かんでいるのがわかります。これは耳の後ろから鎖骨までをつなぐ、胸鎖乳突筋という筋肉。ここが固まっているとバストを引き上げる力が弱まり〝削げ胸〟になる危険があるので、胸と同じくらいに大切。始点が耳の後ろなど顔にあるので、顔のエクササイズで効率よく首に働きかけられるわけです。こういった顔のエクササイズをきちんと行うと、バストトップの位置やデコルテの盛り度合いが上がるのは実証済み。また、顔のエクササイズを行うと耳の周り、フェイスラインなど複数のリンパ節を刺激できるので、顔や首周りの老廃物を流すデトックスにもつながります。

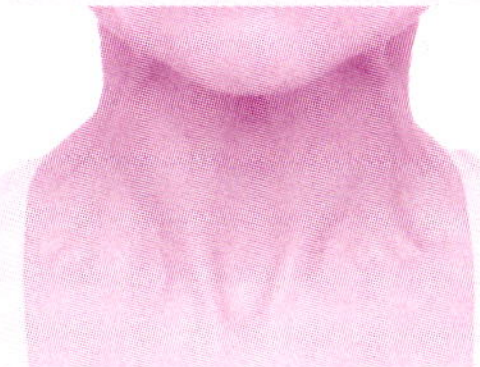

コスメやサプリで、乳トレ効率アップ！

行うと気持ちいいし効果がわかりやすい乳トレと違い、コスメやサプリは長期戦。でも、乳トレを行いながら普段の生活に取り入れると、バストも顔もキレイになります。麗華式の活用法、ぜひ真似して。

お肌のケア＝脳のケア

ここまでマッサージを中心に乳トレをご紹介してきました。私が日々行っているものばかりですが、同時にコスメといった外側のケアを取り入れたり、ハーブのサプリを摂ったりもしています。

なぜなら、バストを作っているのは筋肉だけではないから。そこに流れる血液が酸素や栄養をたっぷり含んでいればキレイなバストが育ちますし、バスト全体を覆う肌がみずみずしければ、下垂やしぼみといった悩みも生じにくくなります。もちろんマッサージが最重要ではあるのですが、多角的にケアすることで、マッサージの効果もより早く出てきます。

私がバストケアの際のコスメ選びでこだわっているポイントは3つあります。まずは、ほどよくふっくらしたテクスチャー。マッサージの際、指とバストの間の緩衝材になってくれます。それから好きな香り。3つめが使っていて心地いいかどうか、です。成分ももちろん大事なのですが、バスト用と謳われているものはよく研究されていて、バストアップ効果のある成分をたっぷり配合しています。ただ、どんなにいい成分でも、使っていて気持ちよくなければダメです。

エステの世界では〝皮脳同根〟という言い方があるのですが、人間が卵子から成長していくときに、脳と皮膚は同じ外胚葉（※）から発達します。だからこそ、脳と肌は深く関係していて、脳の刺激（たとえばストレス）が肌トラブルとして現れるわけです。その逆も真なりで、肌に優しく触れること、気持ちよくすることは、脳にいい影響を及ぼします。「セックスできれいになる」なんて女性誌の特集もありますが、相手がいなくっても大丈夫（笑）！　好きな香りやテクスチャーのコスメで気持ちよさを実感しながらマッサージすれば、肌も脳も喜ぶので一石二鳥。コスメを活用して、乳トレで生むキレイをもっともっと加速させちゃいましょう。

サプリは〝飲み分け〟で快適に

私たち人間の体は、〝食べたもの〟でできています。マッサージに励むのも、コスメを塗るのもいいのですが、体のモトである食事に気を使うのも乳トレの一

※外胚葉

受精卵は分裂を始めて数週で、内胚葉／中胚葉／外胚葉の3つの層に分かれる。脳も皮膚もともに外胚葉から発達する。皮膚には脳と同じ情報伝達物質の受容体が存在するのもその名残。

環だと思います。ただ、忙しい現代女性に「毎日正しい食事をせよ」なんて言ってもなかなか難しいですよね。その結果としてトラブルがなければいいのですが、肌や婦人科系に自信がないとか、これから妊活したいわ！なんて方は、ぜひサプリも取り入れてみてください。中でも特におすすめなのは、生理周期に合わせたハーブの飲み分け。ナチュラルなハーブなら穏やかに作用しますし、ほかのサプリや食事とけんかしないのもうれしいところです。

生理が終わってから排卵日までは、エストロゲン分泌を促すプエラリアやブラックコホシュ、大豆イソフラボン、あるいはフェンネルといったハーブを。排卵日から生理開始まではプロゲステロン優位な時期なので、ワイルドヤムやチェストベリー、レッドクローバーなどを摂るのがおすすめです。これらをすべて摂る必要はなく、手に入りやすいもの1～2種類で充分です。

生理中はこういったサプリはお休みし、生理痛など不快な症状があればマリーゴールドやカモミールなどをハーブティーで摂ってください。

正直、私自身は「バストサプリってそんなに効果が出るかしら」と思っていたのですが、ハーブを飲み分けするとかなり効果的。不規則だった生理周期がだいぶ整うようになったので、皆さんにもぜひトライしていただきたいです。

おっぱい番長流

「バスト」&「女ホル」活性オイルレシピ

「精油って、香りがいいだけでしょ?」と思ったら大間違い。バストアップから婦人科系の不調改善にまで役立つので自分の悩みに合うものをプラスして、毎日のケアをもっと効果的にして。

右より、ビタミンEが豊富で保湿力抜群。ホホバオイル　50㎖ ¥2,800　エッセンシャルオイル クラリセージ・オーガニック 5㎖ ¥4,500 同 フェンネル・オーガニック 10㎖ ¥2,900/すべてニールズヤード レメディーズ

乳トレをするときに、何かコスメを使うと摩擦が減り、マッサージしやすくなります。「どんなコスメでも、好きな香りやテクスチャーのものを使って楽しんでもらえればOKです。ただ、より一層の効果を求めるなら、悩みに合った精油でマッサージ用オイルを手作りしてみては?」。肌から働くのはもちろんですが、鼻孔から吸収された成分は脳にダイレクトに届くので、女性ホルモン活性化など〝内からケア〟にもなって一石二鳥!

How to Blend

エッセンシャルオイルは、ベースのキャリアオイル 5㎖に対し1滴の濃度を守ること。たとえば 30㎖のマッサージオイルを作る場合は精油は 6 滴まで。マッサージオイルに入れる精油は3種類までで、配合はお好みのバランスで OK。

ボリュームアップに

- ローズ or ゼラニウム
- イランイラン
- クラリセージ

垂れ乳対策に

- タイム
- ローズマリー
- ローズウッド

ハリ感アップに

- ローズ
- ネロリ
- ラベンダー

生理前に

- ローズ
- クラリセージ
- ラベンダー

PMS対策に(生理中)

- クラリセージ
- ゼラニウム
- カモミール

むくみ対策に(生理中)

- ローズマリー
- サイプレス
- ジュニパーベリー

生理不順に

- クラリセージ
- ラベンダー
- ローマンカモミール

更年期対策に

- サイプレス
- ローズウッド
- フェンネル

更年期の不眠や動悸に

- ラベンダー
- カモミール
- +更年期向け精油1種

おっぱい番長流

“天然ブラ＝肌”の強化は、このコスメで!

顔だってバストだって、
肌のハリがなくなれば
たるむのは同じこと。
お風呂上がりにパパッとケアして、
弾力とツヤをキープしましょ！

Moist Up

潤いたっぷりで、ふっくらおっぱいに♡

顔と比べると、皮脂腺がケタ違いに少ないのがボディの肌。また、年齢が上がると皮脂分泌量が減ってくるので、30歳すぎたら必ずバストも保湿して。P34-35の基本3ステップを行うときにつければ、効果がさらにアップ！

フラボノイドたっぷりの果実エキスが、肌のスプリングであるコラーゲンやエラスチンの生成を促進。首にもたっぷり使って。ナチュラティヴ バスト&ネックケア 100㎖ ¥8,000／ケーツー・インターナショナル

コラーゲン生成を促し、酸化ダメージから肌を守る、ベトナム産のミルクアップルを配合。上向きボリューム感が欲しい人に人気のロングセラー。クラランス レ ビュスト エパヌイッサン 50g ¥7,000

ハナスゲ根エキスなどたっぷりの植物原料が、肌にすうっと浸透してバストをリフトアップ。アンティーム オーガニック バイ ルボア ブレスト ケアクリーム 100g ¥6,000／サンルイ・インターナッショナル

The Skin Firm

バーンとしたハリ、不二子ちゃん級！

シーツの跡がなかなか消えない……なんて人は、バストもしょんぼり下向きになりやすいのでご注意を。肌内部のハリ成分・コラーゲンやエラスチンを増やすケアを取り入れて、ツンと上を向いたバストを取り戻しましょう。

ゆるんだ肌をきゅっと引き締めてくれる、セージやホップ入りの美容液。バスト上部からデコルテにかけて塗るほか、ヒップのたるみにも効果的。ヨンカ ガルボル190 50㎖ ¥8,800／ヴィセラ ジャパン

ネック用クリームは、貧相に見える“削げ胸”対策にぴったり。肌表面をもっちり潤い、ゴールドパールで輝きが出るのも◎！ ナチュラヴィセ インヒビット ネッククリーム 50㎖ ¥31,000

セイヨウノコギリソウやスギナのエキスが、たるみ肌をしっかりサポート。集中ケア的に朝晩使用すれば、ふっくら美しいデコルテが甦る！ シスレー ビューティ リフト 50㎖ ¥25,400

Care for Mums

優しくいたわって！　ママのおっぱい

バストがめりめりと大きくなり、妊娠線ができたという妊婦さんもちらほら。授乳中はもちろんだけれど、産前からしっかりバストケアアイテムを取り入れて。肌をふっくらキープすれば、妊娠線も、授乳後のしょんぼりバストも克服できる！

シアバターをはじめとした植物成分をふんだんに配合し、ベビーローションとしても使える優しさ。妊娠線予防に、 産後のバストケアに愛用するママ多し。ママバター ボディローション 140g ¥1,200／ビーバイイー

アロマの香りはごく軽く仕上げた、肌なじみのいいクリーム。シミやシワ予防に効果的なキャロットシードオイル入り。エルバビーバ ストレッチマーククリーム 125g ¥4,300／スタイラ

ヒツジの毛からとれる脂質、ラノリン100%のクリーム。デリケートな乳首にも使え、そのまま授乳もOKと人気に。指先で柔らかく練ってから使うのがコツ。ランシノー 10g ¥1,000／カネソン

The Whole Love

ボディもバストも、まとめてケア

何かと忙しい女性の味方は、全身マルチに使えるボディオイル。バスト表面のみずみずしさやハリ感をアップさせてくれるから、手早く美乳や美尻を目指したい人にぴったり。いい香りのものを選べば、内側から女らしさが育ちそう！

オーガニックのハーブを漬け込んだ、香り高い万能オイル。さらっとしたテクスチャーでなじんでベたつかないのに、あと肌はむっちり柔らかに。インソーレ フラワーオイル ローズ 50㎖ ¥3,300

不飽和脂肪酸たっぷりの贅沢なざくろ種子オイルは、女性の頼もしい味方。年齢が出やすい首も一緒にケアして、ツヤツヤなデコルテをキープ！ ヴェレダ ざくろオイル 100㎖ ¥4,500

アーモンドやボラージのオイルで、さらりとしたテクスチャーを実現。ふんわりと柔らかいラベンダーの香りで、癒し効果も抜群。サボン ボディオイル ラベンダー 100㎖ ¥2,778

Column

結局どうなの？「痛い」マッサージ

スパルタなのは理由がある！

私のサロンでの施術は、内容にもよりますが場合によってはかなりの痛みを伴います。「スパルタ整体師」とか「ドSセラピスト」と言われることもあります（笑）。それに、私のHPには「愛のスパルタ経絡整体」と書いているくらいですから、痛みがあるのは自認しています。ただ、その痛みには「意味」がある！というのが私の立場。こり固まった体をちゃんとほぐすには、どうしてもある程度の圧が必要になります。1回の施術で「体がラクになった！」と実感していただくための「意味ある痛み」だと自負しています。

大切なのは〝使い分け〟

では、「ゆったりマッサージはダメ」なのかというと、そんなことはありません。ゆるやかなマッサージによるリラクゼーション効果や化粧品による癒しも、人間にとって大切なものだと思っているんです。誰かに触れてもらったりなでてもらったりするとほっとするのは、生き物としてごく当然のことですよね。

ただ、私が「痛くても効く！」の方向を選んだのは、ストレスが多く体がガチガチな方が多いから。リラクゼーションも大切だけれど、まずは悲鳴を上げている体を、溜まっているこりをラクにしなければ！と思ったから。「ほっとするリラクゼーション系」も「ぐっと効かせる痛キモ系」も、どちらもメリットがあります。その日の自分の体がどちらを必要としているのか、見極めて上手に使い分けてください。

Chapter 4

Reikaメソッドができるまで

メソッドを実践する上で、「なぜそうなるのか」という知識は
モチベーションをアップさせてくれる大切な要素です。
朝井麗華メソッドの理論と生まれたいきさつをお教えします。

健康なら、キレイは簡単！
その源は「筋膜」と「経絡」

朝井麗華が乳トレを編み出すにあたり、自らの体を実験台にしつつ先人の知恵を取り入れました。その1つが〝経絡《けいらく》〟です。今どきなボディを手に入れるのに役立ってくれた、古来からの知恵。深くて面白い、その世界の一端をご紹介します。

キレイは自分で、の東洋医学

私は「整体師」という言葉の響きが大好きです。この本で何度もお話ししていることですが、体は本来、自分でキレイになる力があります。何かのきっかけでバランスを崩してしまうと肌が荒れたり肩がこったり、もっとひどいときには病気になってしまったり……。そんなとき、私たち整体師は文字通り〝体を整え〟、本来あるべきバランスへと戻るお手伝いをするわけです。もちろん西洋医学的なアプローチも大切ですし、化粧品や美容医療だって素晴らしい効果があると思います。でも、それらが効果を発揮するのも、体が受け止める力があってこそ。体に備わった生命力や自然治癒力を引き出し、最大限に利用すべきであるのは同じことです。

実は私は20代の頃に、夫をがんで亡くしています。30代半ばという若さゆえ、進行が早かったにも関わらず、病院での治療以外に独自でもさまざまな健康療法を取り入れました。その結果、余命3ヵ月の末期がんでしたが、3年半生き切って他界しました。そのときも、西洋医学と東洋医学の両方にお世話になり、それぞれの素晴らしさと限界を目の当たりにしました。がんを〝叩く〟ことにおいては、西洋医学は本当にすごい。ただ、患者本人も少なからずダメージを受けます。それに対し、東洋医学では体の冷えや気の流れ（のちほどご説明します）、それに毎日食べる食事などを通じて、患者の自然治癒力を引き出そうとします。東洋医学的なアプローチは即効性こそ劣るものの、無理なくじわじわと効果を発揮し始めます。

どちらかに偏ることなく、それぞれのいいとこ取りをしたい！というのが私のスタンス。化粧品だって活用するし、必要であればお薬も飲みます。でも、その前に体をよりよい状態に導いたり、未病の段階でお手入れをするなら、東洋医学の知恵はとても便利で効果的。しかも、日常に自分でできることが多いんですよね。私はときどき「朝井麗華のキレイは自分でつくるのだ」（※）と冠したセミナーを開催させていただいているのですが、これはまさに東洋医学的発想。道具を使わずとも自分の手によって、キレイを作ることはできるんです。経絡を駆使したセルフケアテクニックをバストだけでなく、ぜひ皆さんのビューティやヘルスに役立てていただきたいと思っています。

※朝井麗華のキレイは自分でつくるのだ

経絡をベースにした、一般の人も自分でできるセルフケアマッサージ講座。不定期開催。

http://tonykuroda.com/special/kireika.html

麗華メソッドの基本1――経絡

皆さんは〝気〟というとどんなイメージをお持ちでしょうか。病は気からとか、気が合うとか、元気とか、日本語では知らず知らずのうちに〝気〟という言葉を使っています。形あるものではありませんが、私たちは〝気〟をたくさんの場面で意識し、利用しています。

この気（ここからは、カッコなしで普通に使っていきますね）は、東洋医学では立派な体の一要素。生命エネルギーであり、病気や不調をはねつけるパワーであり、体中の組織を健康たらしめている源です。この気が枯渇してしまった状態こそが死であり、いい気がみなぎっていれば心身ともに健康だといわれています。

そんな気の通り道が、ここでご紹介したい経絡です。経絡は、気血（※）とともに体中を巡っています。縦と横のルートがあるのですが、まるで蜘蛛の巣のように全身にそのルートが張り巡らされているのです。そして、何らかの原因で経絡が詰まると心身の不調となって現れます。また、気は体中の臓腑（※）にも巡るため、臓器に変調があった場合にも経絡上に変化が現れます。経絡のところどころには「気の出入り口」があるのですが、これがいわゆるツボです。

目に見えないため漠然としたイメージを持たれがちですが、気は私たちの体にちゃんとあります。そもそも東洋医学の多くが生まれたのは、中国の王宮。歴代皇帝の健康を維持するために、気が遠くなるような膨大な数の人間を実験台にし

※臓腑

東洋医学では、体の内臓器官を「五臓六腑」で表現する。西洋医学でいう臓器に近いが、それぞれの臓器の機能や関係性により重きを置いている。

※血

栄養を運ぶ血液に近いが、同時に全身に潤いを巡らせ、メンタルを安定させるのにも一役買っている。東洋医学では「血（けつ）」と読む。

て経験値から編み出された知恵の集積ですよね。その知恵を利用しているのだから、経絡への働きかけが効かないわけがないんです。この経絡に沿ったマッサージを推拿《すいな》と呼び、私がサロンで行っている施術もこれがベースになっています。

以前、施術を受けてくださったお客様から「体もラクになったけれど、ひどいクマがすごく薄くなったのが衝撃！」といううれしいメールをいただいたことがあります。しかも、この方はボディの施術なので、顔にはほとんど触れていませんでした。触れたときに胃腸がかなりお疲れだったので、その経絡をしっかり流してさしあげたのがよかったのです。不思議だけれど確実に効く、それが経絡の魅力です。

触らないのに治る、〝経絡ミラクル〟

気が全身を巡っており、経絡を通すことで全身の調子が整う――そんなすごい「経絡ミラクル」を、私はサロンで何度も見てきました。

たとえば、こんなケースもありました。予約の前日に自転車にぶつかられて、両膝を強打してしまったお客様。「楽しみにしていたから行きたいのだけれど、膝が痛いから下半身の施術はなしで」とのお電話があり、急遽お顔のコースに変更となりました。といってもいわゆる「うっとりフェイシャル」ではなく、ゴリゴリとしたマッサージなのは相変わらず（笑）。基本的にはフェイシャルでも背中や脚など全身の経絡には触れますが、この方は膝には触れず、ごく軽いタッチで経絡を流すだけ、というお話になりました。

当日、サロンにいらしたお客様はよちよち歩きの状態！　強打された膝の痛みがひどく、しかも生理も始まってしまったというダブルパンチでした。お約束通りボディは軽く経絡を流すだけにして、１２０分みっちりと顔と上半身のマッサージ。デコルテや首筋は施術しますが、下半身にはほぼ触れず、でした。

ところが施術が終わると、「膝が軽い！　痛みがなくなっている!!」とびっくり顔。いらしたときには恐る恐る上っていた階段（サロンの中には螺旋階段があるのです）を上り下りして「あんなに辛かった階段が、全然辛くない！　不思議!!」とおっしゃるのです。これぞ経絡ミラクル！　患部に触れなくても、経絡を通して「気・血・水」を巡らせると不調がぐっとラクになるんです。

ちなみに、この本のテーマであるバストは、胃の経絡が通っている部分。胃腸の調子がよくないという方（忙しくストレスの多い現代人には、何かしら胃腸の悩みがあるようですが）にも、バストケアはおすすめ。乳トレによって胃がラクになったというお客様も多数いらっしゃるので、ぜひお試しを。

麗華メソッドの基本２――筋膜

1章でも少しお話ししましたが、もう1つ、私が習得した技術で誇りに思っているのが「筋膜はがし」です。P36でもご紹介しましたが、私たちの体にある筋肉は、すべて筋膜という薄い膜に包まれています。いわば「全身タイツ」（笑）

みたいなもので、全身のあらゆる筋肉を包んで形作っているため、人によっては「第2の骨格」と呼ぶほど重要な存在です。

　これは鶏のササミなどについている白っぽくてごく薄い膜のようなものですが、薄いからと舐《な》めてかかってはいけません。この膜同士が癒着すると自然にはがれることはほぼ皆無ですし、癒着によって筋肉までゆがんでしまう。筋肉の悪いクセ（それは次第にこりや痛みとなってきます）のもとはすべて、筋膜の癒着だといってもいいでしょう。これを、かなり痛いのですが、べりっとはがすことで体を本来あるべき位置に戻してあげよう、というのが筋膜剥離の考え方です。かなりの痛みは伴いますが、その後の体の軽さやビフォーアフターの激変ぶりには、目を見張るものがあります。

　筋膜を緩めるには、ロルフィング（※）などいくつか方法があります。ただ、私が筋膜はがしを選んだ理由の1つは、効果が早いから。痛いけれど、1回で体が変わる変化率にかけてはナンバーワン！　忙しい現代人の疲れをとるには、短時間で効果が出る筋膜はがしはベストです。

　そして、理由のもう1つは、筋膜はがしが日本人の体質に合っていると思うから。どうしても私たち日本人は体を縮める動きのほうが得意で、筋肉が固まりやすい傾向にあります。たとえば包丁の使い方1つとっても、西洋人は押して切るのに対して、日本人は「スッと引いて切る」動きですよね。体の内側へ内側へという動きが日常に多いので、ぎゅっと筋膜が癒着しやすいのです。べったりと筋膜が貼り付いてしまうのだから、しっかり圧をかけてはがしてあげるほうが、私

※ロルフィング

アメリカの生化学者、アイダ・ロルフによって考案されたボディワーク。筋膜を「身体構造の中心」ととらえ、筋膜をほぐすことでストレスのかかっていない体を取り戻す。

たち日本人の体には合っている……というのが、私の考え方です。

ただし、筋膜剥離のメソッドにも難点はあります。それは技術の習得が難しいということ。筋膜はパーツごとに1枚というわけではなく、何層にも重なっています。細かい筋線維を筋膜が束ね、その束をまた筋膜が束ね……という形になっているので、深部の筋膜にまでアプローチするのは至難の業。この本では癒着の多いパーツを取り上げているので一般の方が行っても効果を実感しやすいと思いますが、全身の筋膜を芯からほぐすのはかなりの技術力が求められます。

そんな技術力を持ったプロを求めてさすらうことにならないよう、どうぞ皆様、乳トレでせっせとセルフケアしてくださいね♡

顔のたるみも、ボディケアから？

さきほど「筋膜は全身タイツ」という言い方をしました。筋肉の束が筋膜に包まれ、またそれがより大きな筋膜に包まれていますから、決して誇張ではありません。また、筋膜は腱《けん》（※）で骨につながっていますから、たくさんの筋膜がそこに集中し、お互いに引っ張り合って影響を及ぼしています。本来、きちんと伸び縮みしている筋肉はフカフカで柔らかいものです。筋膜をラップ、中の筋肉をゼリーとイメージすると伝わりやすいかもしれません。薄いラップですが、ヨレたりねじれたりすると中のゼリーはつぶれ、形が変わってしまいますよね。実際の筋膜でも同じようなことが起きているわけです。しかも、この筋膜は幾重にも

※腱

コラーゲンなどの繊維質からできており、筋肉を骨につなぎとめる役割を果たしている。緊張が続くと腱も硬くなる。

重なり合い、関節でつながっています。1枚の筋膜がゆがんだり縮んだりすると、どんどん影響はほかの筋膜へと広がってしまうのは、こういうメカニズムゆえです。

この本のテーマであるバストも、大胸筋という大きな筋肉にのっています。ここがこわばったり癒着すると、背中や肩の筋肉が硬くなってくるだけではありません。胸の筋肉の癒着は首や肩にも伝わりますから、顔だって影響を受けるのは当然のこと。特に大胸筋は大きな筋肉ですから、そこが縮んだときにほかの筋肉を引っぱり込む力はかなりのもの。加齢によってただでさえハリを失いがちな顔の肌が、筋膜の癒着によって下に引っ張られたらたまりません。フェイスラインがたるんだりほうれい線が出現したり、まぶたが下がってきたりという悪影響が出てしまいます。

「一部のゆがみが、全体に伝わる」というアプローチは一見したところ東洋医学的ですが、実は解剖学的にみても理に適った考え方。バストをキレイにしながら顔もリフトアップできるなんて、最高だと思いませんか？

肩の施術で、母乳が出る不思議

筋膜の不思議でいえば、こんなケースもありました。そのお客様は、授乳中でお乳の出が悪く、赤ちゃんに十分な量が与えられていない、またそれとは別に、授乳の姿勢のせいでかなり肩こりがひどいとのことで、私のサロンに足を運んでくれたのです。肩甲骨周りや首、腕など通常の背面施術を施したところ、

「すごい！　ゴリゴリだったおっぱいが、すごく柔らかくなってる！」と。バスト目的ではないのに、この結果にはお客様も私も驚いてしまいました。

お客様いわく、子供におっぱいをあげる前は、岩のようにゴリゴリに胸がはり、あげると徐々に柔らかくなるそうなのですが、そのゴリゴリがお辛いとのこと。それが、このマッサージのあと、おっぱいをあげる前の通常ゴリゴリなタイミングにも関わらず、すごく柔らかくなっていたことにビックリされたようです。

その後おっぱいを子供にあげてみると、いつもの飲みにくそうな苦しそうな感じではなく、それはそれはおいしそうにゴクゴク吸ったから、さらに驚いたそうです。今まで胸が詰まっておっぱいの出が悪かったのね！と実感されました。

そして、バスト自身も含めてさらにマッサージをしてみたところ、すごく胸の硬さがとれ、お乳がたまっているときでもふわふわで、ゴリゴリにはっていたときの辛さがなくなり、おっぱいの出もよくなったのか、その日からゴクゴクお乳を飲むようになって、子供の成長の度合いが遅かったのに、その心配もなくなりました。

胸だけでなく、その周り（肩・肩甲骨・肋骨・首・大胸筋）のつまりや硬さをとることは、これほどまでにバストがよい状態になる証！

経絡×筋膜の相乗効果で、全身しなやかに

私がベースとする2つの理論についてお話ししてきましたが、それを組み合わせたのがサロンで行っている施術（※）であり、乳トレのもとになっています。

※施術

これまでに朝井麗華が学んできたのは、アロマオイルトリートメント、推拿、骨筋（コルグン）、リフレクソロジー、レイキ、筋膜剥離、それにタイマッサージと多種多様。ベースを経絡と筋膜剥離におきつつ、さまざまなメソッドのいいとこどりをして、日々技術に磨きをかけている。

本来の経絡では、筋膜はがしのように体の深部まで圧を届かせる施術はあまり行わないようです。でも、経絡に沿って触れたときに滞っている場所に筋膜はがしを行うと、経絡も血液やリンパ液も、ぐんと流れがよくなるんですね。私は「リラックス」より「治療」レベルの施術を目指しているので、この相乗効果を目にしたときに「これだ！」と感動しました。全身のエネルギーである〝気〟を流すこと。そして、筋肉をゆがみやこりから解放すること。この2つができれば、体は自分からキレイになろうとし始めます。

もちろん、長年かけて蓄積されたトラブルを、1回の施術で完全に解消するのは無理な話です。でも、体が本来の力を発揮し始めるので、前とまったく同じ状態に戻ってしまうことはありません。筋肉がしなやかだから、毎日の動きが変わる。経絡が整っているから、以前より疲れにくい。初回はほぐすのに苦労したガチガチの体が、回を重ねるうちにどんどんのびやかな体になっていく。最終的に、「整体師としての朝井麗華が不要になる」お体になっていただくのが私の目標です（いらしていただけなくなると、寂しいですが……笑）。経絡と筋膜を応用したメソッドなら、それが可能なのです。

バスト磨きは、命磨き

乳トレは「イケてるバストになりたい！」という、私のような女性のためのメソッドです。何歳でも、彼氏がいようがいまいが、肌がつるん、バストがバーンとしていたら女性としてはうれしいもの。おまけに体の不調まで軽くなってくるというのだから一石二鳥です。でも、乳トレは実は〝一石三鳥〟。詳しくはＰ86からの対談に譲りますが、「毎日バストに触れる」というのは立派な健康管理なんです。というのも、今や日本女性にとって、乳がんは身近な病気（※）だから。30代、いいえ20代でもなりえますし、14人に1人（これは２０１４年現在の話。今のままの増加率だと、いずれ10人に1人になるといわれています）という罹患率は他人事ではないですよね。

そんな乳がんを発見するのにも、乳トレは役に立つんです。「自己触診せよ」と言われても面倒だったり怖かったりするけれど、毎日「おっぱい上がれ♡」と楽しんで触れるんだったら、できそうな気がしませんか？　肋間筋に指をグーッと入れたり大胸筋をほぐしていれば、乳がんのしこりだって発見できます。そして、早期発見できさえすれば、乳がんは克服できる病気です。乳トレを活用して、無理なく楽しんで乳がん触診していただければと思います。

最終目標は、「何もしないでキレイになる！」

よく講習会などでお話しさせていただいているのですが、テレビや雑誌で「これで○キロ痩せたダイエット法！」なんて紹介されていますよね。でも、「ダイエットに成功した人」もいるけれど、そこに登場しない「そもそもダイエットが必要じゃない人」っていませんか？　タレントさんがよくインタビューで「特別

※乳がん罹患《りかん》率

現在、女性がかかるがんのトップは乳がんであり、30代後半から急増する。2012年統計では、女性のがん死亡部位別の5位。欧米諸国では死亡率が下がる傾向にあるため、この死亡数の多さは発見の遅れによるところが大きいと見られている。

なことは何もしていないんです♡」なんて言ってますよね。「こんな細くてキレイで、何もしてないなんてありえない!!」と怒りを覚えるほど（笑）。

けれど、サロンで実際にタレントさんの施術を担当させていただくようになって、「あれって本当なんだ」と思うケースに遭遇するようになりました。びっくりするくらい肌もボディもピカピカなのにサロン通いが初めてだったり、夜中に飲んでいるのに超ナイスバディだったり……（それでも、もっと高いレベルを目指すため、サロンに来てくださるのですからそのプロ意識はすごい！と感動させられます）。そうです、世の中には「ダイエットが必要ない人」っているんです。どうせなら、「頑張ってダイエットに成功した人」よりも、「ダイエットすら必要ない人」になってみたくありませんか？

なので、私の乳トレは「毎日絶対やらなくちゃダメ！」「この動きを○分、○回やること！」と厳密には決めていません。ちょっとお風呂に浸かっている間にやったり、寝る前にやったり、生活の動線上に無理なく組み込めるように考えました。もちろん慣れないうちは少し時間をかけていただきたいのですが、大胸筋や肩甲骨周りの筋肉の癒着がとれてくればしめたもの。普段の動きがしなやかになり、こりにくい体になってきます。毎日生真面目にやらなくても、きれいなバストをキープする「おっぱい力」が、自分のバストに備わってきます。

ずぼらで、ものぐさで、でも「ラクしてキレイになりたい！」と思う方、そんな人のためにこそ、乳トレはあります。一緒に乳トレで、自らキレイになるおっぱいを育てましょう！

スペシャル対談！

高倉健さん　朝井麗華

「今なぜ〝おっぱい〟なの？」

バストケアにこだわる朝井麗華にとって、乳がんは身近な問題。同じく乳がん啓発活動に力を入れているたかくら新産業の高倉健社長をゲストに迎え、「おっぱいを考える」トーク炸裂！

人ごとではない〝乳がん〟のリスク

朝井　今回、バストケアの本を出させていただくにあたり、乳がんについて触れないわけにいかない！と思いまして。乳がんといえば高倉さんだわ、と対談をお願いしたんですよね。

高倉　まずは、男性の僕がなぜ乳がんの活動に取り組んでいるかをお話しさせてもらいますね。数年前に、妻が乳がんだと判明しまして。同時期に僕も原因不明の病気で1ヵ月入院するはめになり、夫婦で〝死〟をリアルに意識したんです。

朝井　奥様は今はすっかりお元気ですけれど、そのときは本当に恐ろしかったでしょうね。

高倉　僕はオーガニックの化粧品を扱う会社を経営しているけれど、そのときに西洋医学も大切だと実感しました。それと同時に、自分の病気のように〝よくわからない症状〟もた

“妻が乳がんになって、死を意識しました”

高倉　健

たかくら新産業代表取締役。化粧品や雑貨の輸入販売を手がけるかたわら、オーガニックのオリジナル化粧品「made of Organics」を開発。『日本おっぱい会議』主宰。

くさんあるのだから、やはり東洋医学的なアプローチも大事にしたい、と思いました。そこから自社でのオーガニック製品開発に乗り出したんです。

朝井　肌から成分が体内に入る、いわゆる経皮吸収のお話をうかがったときはドキリとしました。

高倉　体の部位によって、塗ったものの吸収率がまったく異なるという話ね。僕はよく〝体が食べちゃう〟という言い方をしているんだけれど、たとえば腕の内側の吸収率を１としたときに、頭は3.5倍。あごは13倍、性器にいたっては42倍という差があるのです。体に入りやすいから、そういった部位には安心なものを使おうよ、というのが始まりでした。

朝井　そこからデオドラント製品が生まれたんですよね。

高倉　そう。ただ、世の中には安心を謳《うた》う製品はたくさんあるでしょう？　僕は親しい人に「これ使って大丈夫！」と胸を張って言えるものを作りたかったので、「フードグレード」、つまり食べても大丈夫なレベルのものを基準に作りました。

「僕のために、検診に行ってほしい」

朝井　高倉さんといえばそういったオーガニック製品の作り

『日本おっぱい会議』は、乳がん早期発見啓蒙のための非営利団体。14人に１人が乳がんになることを表した「HAPPY BATON AGAINST 1/14」をキーワードに、多彩なゲストを迎えてイベントやセミナーを開催している。
http://happybaton.com/

Ken Takakura × Reika Asai

手であると同時に、最近は『日本おっぱい会議』主宰者としても引っ張りだこですが、開催のいきさつを教えてもらえますか?

高倉　妻の乳がんが判明したとき、やはり青天の霹靂《へきれき》だったんですよ。彼女はたまたま自己触診で気づいたんですが、調べてみたら皆さん検診に行ってないんですよね。日本全国で2割、東京に至っては7.8%しか、年に一度の検診に行かないんです。そんな状況は変えていかなければと思って。

朝井　都心部だと皆さん忙しいからなのかしら。『日本おっぱい会議』が謳っているように、14人に1人がかかるのに。

高倉　それに、がんという病気を「自分のこと」としてとらえないんですよね。何の根拠もないけれど(笑)「私は14人中の13人(がんにならない人)」だと思っている。

朝井　その心理はよくわかりますね。実は私は夫をがんで亡くしているのですが、彼は発症当時まだ31歳。彼の発病を機に、初めて「若いから大丈夫」「私や周囲の人はがんにならない」というのは、幻想なんだなと痛感しました。

CARE GOODS

汗止めにアルミニウムを配合せず、植物の力で気になるワキをケア。
＜右＞メイドオブオーガニクス　オーガニック DE ロールオン 70㎖ ¥1,620 ＜左＞肌をうるおすカモミールをたっぷり配合。授乳中のママのバストケアにもおすすめ。同　オーガニック ベビークリーム 125㎖ ¥2,300／ともにたかくら新産業

乳がんは、死につながる病気ではない

高倉　そう。誰でもがんになりうるし、若いほうが進行も早い。

朝井　ただ、乳がんは自己触診でも発見できるし、早めに見つけられれば、死につながらないんですよね。

高倉　その通り！　でも「検診に行こう」と言われても面倒だし、「あなたもがんになりますよ」だと怖い。自分に起こりうるリスクだとは、なかなか受け止められないんですよ。

朝井　そこから『おっぱい会議』のハッピーバトンを思いつかれたんですね！　「友達のため、誰かのために検診に行こう」という発想が、すごく素敵だなと感動しました。

高倉　「リスクがあるから検診へ」だと行きにくいけれど、つき合っている彼が「君を失いたくないから、俺のために検診に行ってくれ」だったら行きやすいよね？　それに、誰かが自分をそうやって気遣ってくれたらうれしいでしょ。その気持ちをバトンとしてあなたも周囲の人に配ってあげてね、というのが『おっぱい会議』でいつも皆さんにお伝えしていることなんです。

“キレイと健康のため、
まずは毎日
バストに触れること”

Ken Takakura × Reika Asai

朝井　深刻なお話ではなく、カジュアルに、ハッピーにという姿勢がいいですよね。

高倉　自己触診で乳がんを発見しやすくするグローブも販売しているんですが、これもぜひ、麗華ちゃんの乳トレを実践するときに使ってほしいですね。普段のお手入れの中に、ハッピーな形で組み込んでいってほしい。

見えないところに手間をかける格好よさ

朝井　「乳がん発見のために触診して」だとハードルが高いけれど、「彼にいいおっぱいと言ってもらうためにマッサージ」だったら、楽しくできそうですよね。

高倉　オーガニックをビジネスにしていてつくづく思うのだけれど、女性は赤ちゃんができたとか病気になったとかでない限りは、〝安心・安全〟でも動かないんだよね（笑）。でも、それでいいんです。キレイになりたい、気持ちよくなりたいというモチベーションも大切だから。

CARE GOODS

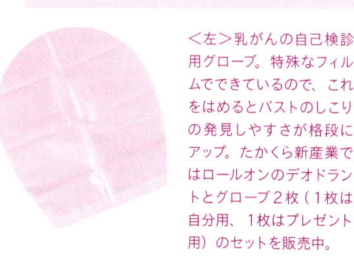

＜左＞乳がんの自己検診用グローブ。特殊なフィルムでできているので、これをはめるとバストのしこりの発見しやすさが格段にアップ。たかくら新産業ではロールオンのデオドラントとグローブ２枚（１枚は自分用、１枚はプレゼント用）のセットを販売中。

朝井　でも、キレイになる過程で選ぶものがオーガニックだったり、ていねいに作られたものであれば最高ですよね。シャネルのバッグを持つのなら、口の中に入れる歯磨き粉もこだわってオーガニックのものを選ぼうよ、とか。

高倉　そうそう。健康のためでもいいのですが、「見えないところにもお金をかけるのが格好いい」と思ってもらいたいですね。メイクばっかり頑張るのではなく、ボディケアやインナービューティにもしっかり気を配るのがイケてる、と。

朝井　まだまだ日本の女性は下着に無頓着ですし、ボディケアをしている人も少数派です。でも私に言わせれば、体がイケてればファストファッションでも格好よく見えるんですよ。お洋服を買うのもいいんですが、もっと自分そのものに手間やお金を投資しようよ、と思います。特に乳トレは、自分の手で行うからお金は必要なく（笑）、すきま時間にできますし。

高倉　毎日触れる習慣があれば、

“ほとんどが脂肪だから、冷えているバストをまずは触れて温めて”

“誰かを大切に思う気持ちをバトンにして渡してほしいね”

乳がんも発見しやすくなりますよね。婦人科のドクターですら「年に一度の検診よりも自己触診」って言うくらいですから、日々こまめに触れてほしい。

朝井　バストって突起しているしほとんどが脂肪なので、どうしても冷えてしまうんですよ。しかも、土台となる大胸筋が皆さんガチガチ。そういった、冷えやこりを溜め込んでいる部分は見た目も悪くなりますし、病気などのトラブルに見舞われやすいんです。まずはバストに触れて、動かして、温めること！

高倉　キレイになる以外にも、効能ってあるの？

朝井　大胸筋や肩甲骨周りをほぐすのが乳トレの基本なので、実は肩こりや疲労に悩む男性にもおすすめです。それに、経絡では胸は胃腸系が通っているので、お腹の調子が悪いというときにも、男女関係なくやっていただければラクになると思います。血流がよくなるので、顔が生き生きとしてきますよ。

高倉　そうか、乳トレは男女関係なくできるんですね。今度メインゲストとして『日本おっぱい会議』でもご紹介ください！

CARE GOODS

冷えやすいバストにおすすめの、遠赤外線効果でじわじわバストを温めるパッド。下垂やくすみ予防に、乳がんで手術後のケアにと大人気。

ダイヤ入りキプブラ鉱石パッド
¥12,000／ガブリエル・ペコ

The Shops

本書でご協力いただいたお店リスト

商品に関するお問い合わせは、以下の電話番号までお願いいたします。

アユーラ ラボラトリーズ	0120-090-030
インソーレ	03-6809-6565
ヴィセラ ジャパン	03-6447-1187
ヴェレダジャパン	0120-070-209
カネソン	06-6928-3199
ガブリエル・ペコ	03-3498-7315
クラランス	03-3470-8545
ケーツー・インターナショナル	086-270-7570
SABON Japan	0120-380-688
サンルイ・インターナッショナル	03-5724-5331
シスレージャパン	03-5771-6217
スタイラ	0120-207-217
たかくら新産業	03-5466-3920
Natura Bissé Japan	06-6227-8086
ニールズヤード レメディーズ	03-5772-1959
ビーバイイー	0120-666-877
ファンジェリー	03-5798-8104
ブティック・シーン	03-3478-4108

本書に掲載している価格はすべて税抜価格です。

Epilogue おわりに

この本をおわりまで読んでくださって、ありがとうございます。「ただのバストケア本にしたくない！」という私の意図を汲んでもらい、「全身の美へ、そして健康へとつながるバスト本」になったことを本当にうれしく思います。この本が皆さんのナイスなおっぱい育てに、そしてヘルシーな心身へとつながることを心から願っています。

書きながら、これまで私に教えていただいたたくさんの師匠たち、それにサロンのお客様の顔が何度も浮かびました。この「乳トレ」はそういった方々の存在なくして生まれませんでした。「施術の後、こんなにラクになった！」「このパーツが、こうなったのよ」といったお客様の励ましのおかげで、ここまでやって

これたように思います。皆さんの笑顔を見るのは、私の大きな喜びです♡

出版の機会をくださった講談社エディトリアルの賀陽さん、カメラの石澤さん、構成担当の高見沢さんにも心から御礼を申し上げます。デザイナーのアルビレオさん、真野さん、可愛いイラストを添えてくれたmiyaさん、キレイにしてくれたヘアメイクの深瀬さん、本当にありがとうございました。

たくさんの方の力を借りて、「乳トレ」はまだ世に生まれたばかりです。多くの方に受け入れられて、より美しく、より健康的な女性が日本中に増えますように！

朝井麗華（あさい・れいか）

経絡整体師　「気・Reika」主宰
臨床検査業界を経て、アロマセラピーや東洋医学を学び、推拿（すいな）の素晴らしさに目覚める。
ゴッドハンド的なテクニックが瞬く間に美容業界に広まり、中でもバストを中心とした施術の的確さから「おっぱい番長」と称されるように。訪れた人は必ずバストサイズがアップすることにより、ボディにメリハリが生まれ、からだの調子もよくなったと伝説のサロンとなっている。
そのテクニックとタレント並みの美貌で、各メディアの注目を集める新進気鋭の整体師。

気・Reika（東京・目黒）
http://www.ki-reika.com/

ダメ乳《ちち》、ポッコリお腹《なか》、肩《かた》こり撃退《げきたい》！
おっぱい番長《ばんちょう》の「乳《ちち》トレ」

2014年10月14日　第1刷発行

著者　朝井麗華《あさいれいか》
発行者　鈴木　哲
発行所　株式会社　講談社
〒112-8001
東京都文京区音羽2-12-21
販売部　Tel.03-5395-3625
業務部　Tel.03-5395-3615
編集　株式会社　講談社エディトリアル
代表　田村 仁
〒112-0013
東京都文京区音羽1-17-18 護国寺SIAビル
編集部　Tel.03-5319-2171
印刷所　凸版印刷株式会社
製本所　株式会社　国宝社

定価はカバーに表示してあります。
落丁本・乱丁本はご購入書店名を明記のうえ、講談社業務部宛にお送りください。送料小社負担にてお取り替えいたします。なお、この本についてのお問い合わせは、講談社エディトリアル宛にお願いいたします。

ISBN978-4-06-219120-3　N.D.C.595　95p　21cm